L'INCIDENT

RING

NICOLAS LÉVINE

L'INCIDENT

Préface de Laurent Obertone

DOCUMENT

ring.fr

ÉDITIONS RING

Collection
DOCUMENT
–
RING
www.ring.fr
–

À K.,
pour la grâce

Qui sait si, tandis que le souffle
des enfants d'Adam monte en haut,
le souffle de l'animal descend en bas, vers la terre ?

L'Ecclésiaste

Le temps n'est point arrivé où les hommes de bien
peuvent servir impunément la patrie ;
les défenseurs de la liberté ne seront que des proscrits,
tant que la horde des fripons dominera.

Robespierre, dernier discours
à la Convention, 26 juillet 1794

Préface

CRISE, subst. fém.
Situation de trouble profond dans laquelle se trouve la société et laissant craindre ou espérer un changement profond.

Il aura suffi de ce petit rien, d'un point d'ARN mille fois plus petit qu'un grain de pollen… D'une *chose* dont on ne sait s'il faut la qualifier ou non de *vivante*. Le grain de sable du technomonde, le chaos brownien de sa propagation, retraçant la frénésie humaine autour de sa sphère. Les protéines de surface, virales et à passeport, s'ancrant partout sur leur passage. Un hasard aux airs de fatalité. Le virus dans la matrice mondialiste. Nos sociétés en un instant rattrapées par leur complexité, leur inextricable réseau d'interdépendances. Si proches du *Shutdown* global.

MENSONGE, subst. masc.
Affirmation contraire à la vérité faite dans l'intention de tromper.

Parce que l'ère de la com' n'a jamais eu que ce seul système immunitaire. Mentir. Par ignorance, omission, statistique, indolence, habitude. Parce qu'il faut se positionner pour exister, et donc jouer aux dés sa crédibilité. En pleine traque aux « *fake news* », le mensonge officiel décliné en cent langues et cinq-cents nuances, d'un bout à l'autre du monde. Plus rapide encore à se propager que le virus lui-même. Parce qu'il y a un gigantesque vide que la parologie se doit de remplir. Parce qu'il y a une attente outrée des foules domestiques, éprouvant le besoin viscéral d'être prises en charge, aidées, informées, nourries, rassurées, et, pour la première fois, parce qu'il est apparu très clairement que le maître-État n'y parvenait pas, n'en avait pas les capacités, n'était qu'un mensonge pris en défaut par une actualité trop grande pour lui.

Jamais le faux n'avait été aussi limpide.

PANIQUE, subst. fém.
Peur, terreur qui survient de manière subite et violente en troublant l'esprit et le comportement.

La peur est le socle de nos vies. Elle est la clé de l'économie, de l'ordre social, l'essence de l'actualité et la base de la consommation. La panique est son trop-plein. On a vu ces gens civilisés se battre pour des rouleaux de papier toilette... On a vu l'épouvante boursière, les ventes massives. Les effroyables pertes du marché « non-nécessaire », cette moelle osseuse de l'économie mondiale.

Cette crise dit tout de nous. L'État prêt à tout promettre avec un argent qu'il a déjà perdu. Le citoyen moyen, l'homme *lavez-vous-les-mains*, brutalement stoppé dans sa fuite. Forcé de considérer tout ce qu'il est, un consommable digital dépourvu d'autonomie, et tout ce qu'il n'est plus, un être capable, pensant, doué d'intelligence, doté de sens commun.

Le chaos à peine tassé dans les esprits enfin masqués, on a vu comme toujours ce prodigieux renouvellement de l'actualité en continu, ce reflux temporaire de nos peurs profondes – de notre toujours plus grande sensation de perte de contrôle. On appelle « optimisme » cette fuite en avant et la psychologie qui consiste à l'ignorer. Le syndrome du capitaine Smith. Le refus perpétuel d'un principe de réalité dont on ne veut rien savoir, surtout pas où et quand il finira par nous rattraper.

En attendant, la dépendance exige un autre disque. Une source d'angoisse un peu moins grande. Qu'on nous reparle de terrorisme, d'ultraviolence, d'écologie, d'inclusivité et de Donald Trump. Qu'on ne nous dise surtout pas que cette crise-ci n'est que la répétition d'un chaos d'une ampleur beaucoup plus importante, purement économique cette fois, consécutif aux immenses émissions de monnaie renvoyant les bourses au sommet de leur bulle...

C'est aussi pour ça, quand viendra de nouveau s'interrompre le cours habituel des émissions, cette fois de manière infiniment plus dramatique, que ceux qui n'ont pas renoncé doivent *savoir*.

ENQUÊTE, subst. fém.
Recherche systématique de la vérité par l'interrogation de témoins et la réunion d'éléments d'information.

Pour quiconque cherche à comprendre nos sociétés et contemporains, une telle séquence est un gisement sans fin. L'enquêteur va méthodiquement l'isoler, la reconstruire, la disséquer, la dépouiller de tous ses parasites. Traquer ses causes. Dévoiler l'ampleur de ses conséquences. Il va se heurter au plus grand de tous les murs : l'ignorance volontaire. L'indifférence. Le premier geste barrière de tous les cerveaux débranchés. Les attentions déjà déviées vers le divertissement d'après. La suite des programmes.

Il ne faut pourtant pas laisser retomber le bruit, commettre l'erreur d'ignorer cet incroyable *signal*, qui, pour une fois, n'a jamais été aussi *fort*. Limpide et brutal. Ce n'est qu'en se plongeant totalement dans les faits que l'on peut en tirer, contre cette époque et son perpétuel retraitement des faits, une forme d'*immunité*, mentale et morale. Que l'on peut, contre cette abrutissante actualité, développer les rares anticorps de la vérité.

Ce livre y parvient.

CONCLUSION, subst. fém.
Proposition tirée des données de l'observation.

Le drame a déjà eu lieu. Il en dit beaucoup d'autres, et, si on les ignore, en appelle de nouveaux. Nicolas Lévine en concentre ici tous les enseignements, se fait épidémiologiste du mensonge, microbiologiste de notre temps.

Persister à ne pas voir, à ne pas prévoir, c'est demain s'interdire toute chance de faire face. Alors, prenez toutes les précautions que vous voulez, mais tournez la page. C'est pour votre bien. Au bout du vertige, au bout de la fièvre, ce livre est un vaccin.

Laurent Obertone

Introduction

C'est l'histoire d'une chauve-souris, d'un pangolin et d'un homme. Ils se croisent sur un marché de Wuhan, mégapole de la province du Hubei, en Chine. Hélas, vous connaissez bien la suite de cette histoire.

Elle met en scène un virus, le SARS-CoV-2, et la maladie qu'il provoque, *la Covid-19*. Elle manifeste le pouvoir et l'impudence des autorités chinoises. Elle révèle l'impuissance suspecte des institutions internationales, à commencer par l'ONU et l'OMS, la seconde faisant partie de la première. Elle trahit la fragilité de la plupart des démocraties libérales, incapables de se protéger efficacement d'une épidémie dérisoire en comparaison de celles que le monde a connues par le passé. Elle accable le bloc occidental, et l'Europe en particulier, qui subit l'événement, en souffre au premier chef, et tente désespérément de masquer son impéritie en usant d'une communication hystérique, comme si le réel – c'est-à-dire l'ensemble et la relation entre les faits – était réductible à des mots.

Cette histoire est le résultat de plusieurs histoires. Celle des zoonoses, que l'insatiable expansion humaine attise en restreignant toujours plus l'espace du règne animal, considéré comme une ressource, et en produisant de manière intensive de la viande bon marché et dopée aux hormones et aux antibiotiques pour satisfaire une demande toujours plus forte. Celle d'un pays, la Chine, redevenu un empire sous l'égide d'un parti tout-puissant, aux réflexes totalitaires, et qui, de rachat de dettes en nouvelle route de la soie, fait de vieilles et glorieuses nations sa clientèle, pour ne pas dire ses prostituées. Celle de la globalisation, assise sur l'idéologie libérale-libertaire, qui aspire à faire du monde un grand marché intégré où circuleraient, sans aucune contrainte, les biens et les personnes, au bénéfice d'une économie dont la « logique », savante mais secrète, primerait toutes les autres. Celle d'une Europe fatiguée, sans visage et sans défense, dont la construction politique se fait sur sa déconstruction culturelle, dirigée par des élites progressistes, repentantes, pacifistes, et pour qui un citoyen est d'abord voire uniquement un consommateur. Celle de la France, à la fois fer de lance de la résistance au mondialisme et chef de file de ce dernier depuis qu'un ancien banquier d'affaires, Emmanuel Macron, a pris sa tête en unissant les bourgeoisies des deux rives, la rentière et celle qui roule en trottinette en buvant un *smoothie*.

La vraie nature d'un homme se révèle face aux épreuves : cette évidence vaut également pour toutes les structures. Confronté à la Covid-19, notre monde « connecté » a perdu la boule. Les instances supranationales ont été aux abonnées absentes ; les gouvernements ont paniqué. Le tragique, par le truchement d'un virus, s'est rappelé à nous, et d'aucuns ont préféré l'ignorer, pensant qu'ils pourraient ainsi lui échapper. Ils ont eu tort. Leur veulerie, qui se confond pour certains avec leur incompétence, n'a pas empêché la propagation de la maladie. Alors, au lieu de faire amende honorable, ils ont menti, encore et encore, prétendant qu'ils ne savaient pas, qu'il était impossible de faire mieux, que c'était *la faute à pas de chance*. Or, dès janvier, les informations disponibles permettaient de réagir autrement ; s'ils ne l'ont pas fait, c'est parce qu'ils ne *voulaient* pas – il faut donc dire et dénoncer les raisons de cette inaction. Il convient d'expliquer pourquoi, presque du jour au lendemain, nous nous sommes retrouvés enfermés chez nous, sans possibilité de sortir sinon pour faire des courses ou un footing, et ce durant cinquante-cinq jours. Et pourquoi, tandis que nous cherchions à nous nourrir ou à nous dégourdir les jambes, des centaines de milliers de personnes mouraient dans les chambres anonymes de services hospitaliers et dans les maisons de retraite.

Enquêter sur la pandémie de la Covid-19 et ses conséquences, c'est donc rencontrer la biologie, la politique, l'économie, la sémiologie, le sociétal et le social, alliés pour nous offrir une catastrophe inédite dans notre histoire récente et dont la fin, loin d'accoucher d'un « monde d'après » aux allures de slogan publicitaire, devrait au contraire nous ramener à un *statu quo ante bellum*. À moins que, décillés par cet événement, les peuples se décident enfin, et notamment en France où il est si maltraité, à renverser ceux qui les ont une nouvelle fois couverts de honte.

I.
QUO VADIS ?

« Le virus n'a pas de passeport »,
Emmanuel Macron

C'était à la toute fin de l'année 2019. L'Occident s'apprêtait à fêter la naissance du Christ en dévalisant les magasins. En France, l'actualité – c'est-à-dire une sélection parfaitement arbitraire d'événements, de faits, de « débats » faite par les médias – se focalisait sur l'Australie en feu et la drolatique fuite de Carlos Ghosn de sa villa de Tokyo. Mais la grosse affaire, c'était la réforme des retraites, dont les syndicats ne voulaient pas, à l'exception notable de la CFDT, toujours partante pour une série de réunions dans de jolis salons lambrissés, et qui obligeait depuis plusieurs semaines des millions de Français, en particulier les Parisiens, à se rendre au travail dans des conditions fort peu agréables, sauf pour les frotteurs. Tandis que Jean-Paul Delevoye s'en retournait apprendre à remplir une déclaration d'intérêts, le gouvernement finissait par négocier, sans lâcher cependant le cœur de son projet qui est au fond celui du macronisme : travailler plus pour travailler. Pendant ce temps, dans leur coin, quelques rares Gilets jaunes organisaient encore des « Actes ».

Au même moment, en Chine, des cas de pneumonie d'origine inconnue se multipliaient, pour reprendre le titre d'un papier du site *Sputnik France*[1], qui fut le premier média à évoquer l'affaire chez nous. C'était le 31 décembre. Je cite : « Les autorités chinoises ont fait part de vingt-sept cas de pneumonie enregistrés au mois de décembre dans la ville de Wuhan (province du Hubei). Sept malades se trouvent dans un état extrêmement grave. Deux autres sont en voie de guérison. Ils sont tous placés à l'isolement. »

Le communiqué desdites autorités précise : « Les représentants des hôpitaux de la ville ont fait savoir que la cause de la maladie restait encore inconnue, qu'on ne pouvait pas affirmer que c'était le syndrome respiratoire aigu sévère (SRAS), que la probabilité d'autres formes graves de pneumonie soit plus élevée. En outre, même s'il s'agit du SRAS, il existe déjà un système complet de contrôle et de prévention de la maladie, les résidents de la ville n'ont pas besoin de paniquer. »

On remarque que, d'emblée, le parallèle est fait avec le SRAS, plus connu – comme tout de nos jours – sous son acronyme anglais, SARS, pour *Severe acute respiratory syndrome*. En novembre 2002, le SARS-CoV, donc un coronavirus, apparaît dans le comté de Foshan, dans le Nord de la Chine. Pendant huit mois au moins, il se promène à Taïwan, Singapour, Macao ; il s'échappe même d'Asie, découvrant en tout une trentaine de pays

1. https://fr.sputniknews.com/sante/201912311042687303-des-cas-de-pneumonie-dorigine-inconnue-se-multiplient-en-chine/

dont l'Espagne, l'Allemagne, la Russie, l'Afrique du Sud, le Koweït mais aussi la France, où sept cas – dont un mortel – sont recensés au 31 juillet 2003[1]. Durant sa course longue d'un an et demi, cette épidémie a touché un peu plus de huit-mille personnes et en a tué sept-cent-soixante-quatorze selon l'Organisation mondiale de la Santé (OMS). Assez contagieux, le SARS-CoV est cependant relativement peu létal (9,6 %) et, surtout, il aime à se montrer ; à la différence de son célèbre successeur, en effet, il ne produit que rarement des malades asymptomatiques ; cette qualité permet aux professionnels de santé de repérer et isoler facilement les cas. Quoique dérisoire sur le plan de la mortalité, l'épidémie de SARS-CoV de 2002-2004 a profondément marqué les esprits en Asie, d'abord parce qu'il s'est diffusé très rapidement en profitant de l'intensité des échanges commerciaux au sein du continent et entre celui-ci et le reste du monde – le virus Ebola, infiniment plus létal (entre 30 % et 90 % selon l'Institut Pasteur), pâtit de l'isolement de l'Afrique centrale. En outre, un cinquième des victimes du SARS-CoV étaient des soignants, qui s'étaient pour ainsi dire sacrifiés afin de juguler l'épidémie. Enfin, nul doute qu'au tournant du nouveau millénaire, alors que le réveil de la Chine et, plus largement, de l'Asie semblait accréditer la thèse selon laquelle le siècle commençant serait celui de cette dernière, la survenue d'un virus sur ses terres giflait l'orgueil renaissant des masses asiatiques, les ramenant à l'image peu flatteuse d'un vaste territoire longtemps considéré comme un incubateur de germes et de

1. https://www.who.int/csr/sars/country/table2004_04_21/en/

bacilles. On ignore pourquoi le SARS-CoV a disparu au fil de l'année 2003 ; l'hypothèse retenue par les spécialistes, du moins jusqu'à l'avènement de la Covid-19 qui lui ressemble tant, c'est qu'il appréciait peu la chaleur, et donc que l'été suivant son irruption lui fut fatal. Du reste, le comportement des autorités chinoises durant cette crise sanitaire, heureusement mineure, avait déjà attiré nombre de critiques. En effet, pas moins de quatre mois s'étaient écoulés entre l'apparition du virus et son signalement auprès de l'OMS par ces mêmes autorités. Pour le dire autrement, la Chine avait été accusée de rétention d'information, alors qu'elle ne disposait pas à l'époque des moyens d'enrayer une épidémie. Ce reproche lui avait été adressé tant par ses voisins que par la communauté et les institutions internationales.

Le site *Sputnik France*, émanation de l'agence de presse lancée par le gouvernement russe en 2014, ne jouit pas d'une très haute réputation chez les médias traditionnels français, qui l'accusent d'être « la voix du Kremlin » où, à les en croire, rien moins qu'un épigone de Staline régnerait, intriguerait afin de déstabiliser les jeunes et jolies démocraties libérales grâce à ses *hackers* et ses avions de chasse. Voilà sans doute pourquoi quatre jours sont passés entre l'article de *Sputnik France* et celui de *La Voix du Nord*, qui évoquait le 4 janvier « une mystérieuse épidémie au Wuhan[1] ». Puisant dans le *South China Morning Post*, le grand quotidien centriste des Hauts-de-France – oui, cela ne veut rien dire – livrait une information importante : « La plupart des patients

1. https://www.lavoixdunord.fr/688904/article/2020-01-03/chine-une-mysterieuse-epidemie-au-wuhan-infectent-44-personnes-et-fait-craindre

auraient fréquenté un marché de gros de fruits de la ville de Wuhan. » Et si « l'origine de ce virus n'est pour l'instant pas connue » et le SRAS, « pas exclu », disait le journal, il s'agissait bien plutôt, selon l'homologue de Hong Kong, « d'une autre forme de pneumonie sévère ». À ce stade – l'article du *South China Morning Post* date du 3 janvier –, on comptabilisait quarante-quatre cas, et pas moins de cent-vingt-et-une personnes étaient en observation médicale. « Le virus pourrait être une nouvelle souche », alertait en incipit la séculaire gazette hongkongaise. Dès lors, les médias français commencèrent à s'agiter. Le 5 janvier, l'AFP, dont l'autorité ferait pâlir d'envie Vladimir Poutine, écrivait dans l'une de ses fameuses dépêches : « Les autorités chinoises font état dimanche de cinquante-neuf personnes souffrant d'une mystérieuse pneumonie d'origine inconnue. »

Plus intéressant encore, l'agence citait la Commission municipale de l'hygiène et de la santé de Wuhan : « En ce qui concerne l'agent pathogène incriminé, nous avons exclu plusieurs hypothèses, notamment le fait qu'il s'agisse d'une grippe aviaire, d'un adénovirus, du syndrome respiratoire aigu sévère (SRAS) ou du syndrome respiratoire du Moyen-Orient (MRES). »

Le même jour, l'OMS publie un premier bulletin sur le nouveau virus[1], bulletin qui mérite d'être retranscrit en entier : « Le 31 décembre 2019, le Bureau de l'OMS en Chine a été informé de cas de pneumonie d'étiologie (de cause) inconnue détectés dans la ville de Wuhan, dans la province du Hubei, en Chine. Au 3 janvier 2020,

1. https://www.who.int/csr/don/05-january-2020-pneumonia-of-unkown-cause-china/fr/

quarante-quatre patients atteints d'une pneumonie d'étiologie inconnue ont été signalés à l'OMS par les autorités nationales chinoises. Sur ces quarante-quatre cas, onze patients sont gravement malades tandis que les trente-trois autres se trouvent dans un état stable. D'après les informations publiées dans les médias, le marché concerné à Wuhan a été fermé le 1er janvier 2020 en vue d'être assaini et désinfecté.

L'agent étiologique n'a pas encore été identifié ni confirmé. Le 1er janvier 2020, l'OMS a demandé plus d'informations aux autorités nationales afin d'évaluer le risque.

Les autorités nationales indiquent que l'ensemble des patients sont placés à l'isolement et sont traités dans des établissements médicaux de Wuhan. Les signes et symptômes cliniques sont principalement la fièvre, la dyspnée – pour un petit nombre de patients – et des lésions pulmonaires invasives bilatérales visibles sur les clichés radiographiques.

Selon les autorités, certains patients étaient des négociants ou des marchands en activité sur le marché aux poissons de Huanan. D'après les informations préliminaires fournies par l'équipe d'investigation chinoise, aucun élément n'atteste une transmission interhumaine significative et aucun cas d'infection d'un agent de santé n'a été signalé. »

Après avoir égrené les mesures prises par les autorités chinoises, surtout locales, et promptement évalué « le risque », l'OMS, comme à son habitude en pareille occasion, donne des conseils qui, eux aussi, doivent être retranscrits en intégralité :

« Sur la base des informations données par les autorités nationales, les recommandations de l'OMS relatives aux mesures de santé publique et à la surveillance des nouveaux coronavirus s'appliquent encore.

L'OMS ne recommande aucune mesure sanitaire spécifique pour les voyageurs. En cas de symptômes évocateurs d'une affection respiratoire pendant ou après un voyage, les voyageurs sont invités à consulter un médecin, à qui ils donneront toutes les informations relatives à leur voyage.

Sur la base des informations actuellement disponibles à propos de cet événement, l'OMS déconseille toute restriction des voyages et du commerce avec la Chine. »

On peut s'étonner de ce que, alors que cette « autre forme de pneumonie sévère », comme la définit le *South China Morning Post*, aurait déjà infectée une cinquantaine de personnes et contraint une centaine d'autres à être mise en quarantaine, dont les attributs font immédiatement penser au SRAS, on peut s'étonner, donc, que l'OMS, pourtant forte de l'expérience de 2002-2004, ne prenne aucune mesure sinon inviter les voyageurs qui auraient de la fièvre et de la toux à se rendre chez leur médecin. D'ailleurs, déconseiller « toute restriction des voyages et du commerce avec la Chine » va être le credo de l'OMS durant plusieurs longues semaines.

Ce bulletin, passé largement inaperçu, eut peu d'influence sur le traitement médiatique de l'épidémie naissante. Le 6 janvier, France 24 parle du « spectre du

SRAS »[1] et, deux jours plus tard, l'AFP insiste sur « un nouveau coronavirus ».

Le 9 janvier, l'OMS évoquait pourtant, elle aussi et pour la première fois, un « nouveau coronavirus »[2]. Elle en profitait même pour féliciter les autorités chinoises : « L'identification préliminaire d'un nouveau virus en peu de temps est une réalisation notable et démontre la capacité accrue de la Chine à gérer de nouvelles épidémies. »

Le lendemain, l'organisation estimait que « les données factuelles alors disponibles laissent penser qu'il n'y a pas de transmission interhumaine ou que celle-ci est limitée ». Elle se cantonne à publier des recommandations à destination des professionnels de santé. Le 11 janvier, les autorités chinoises rapportent officiellement un premier décès dû au virus et, surtout, communiquent publiquement la séquence génétique de ce dernier.

Ensuite, durant une dizaine de jours, l'intérêt des médias pour l'affaire semble s'essouffler. Le 15 janvier par exemple, dans le journal télévisé de 20 heures de France 2, il est longuement question de la réforme des retraites, puis de l'immobilier, de la guerre commerciale entre États-Unis et Chine, du petit Grégory et, pour conclure, de Takashi Murakami. Trois jours plus tard, même lieu, même heure, la grand-messe s'ouvre sur l'exfiltration d'Emmanuel Macron du théâtre des Bouffes du Nord, puis on passe aux incendies en Australie, à

1. https://www.france24.com/fr/20200106-en-chine-une-mystérieuse-épidémie-de-pneumonie-ravive-le-spectre-du-sras

2. https://www.who.int/china/news/detail/09-01-2020-who-statement-regarding-cluster-of-pneumonia-cases-in-wuhan-china

« *Meghan et Harry* », et à Goldmen et Best Of Floyd, « groupes français [qui ont] décidé de reprendre les tubes de Jean-Jacques Goldman » – oui, ça fait rêver. Mais il est vrai que la télévision est le média le plus suiviste, et qu'à ce moment-là, presse papier et Internet n'en parlent pas beaucoup non plus. Seule l'AFP, dont c'est du reste la vocation, continue d'enquêter et publie des dépêches qui, le 14 janvier, inspirent un article anxieux au site de France Info[1], car le virus, en plus d'avoir déjà quitté l'empire du Milieu, risque de profiter de la période : « Dans quatre jours, la Chine fêtera le Nouvel An lunaire. Des centaines de millions de personnes vont retrouver leur famille dans le pays et en Asie. » Dans le même papier, certain « docteur Cheng de l'hôpital Tiangong au sud de Pékin », explique que, pour se protéger du virus : « D'abord, il faut porter le masque, surtout dans les gares et les trains. Il faut ouvrir les fenêtres pour laisser passer l'air frais, se laver les mains fréquemment. » Il recommande par ailleurs de faire du sport et de ne pas manger de viande crue. Bizarrement, lorsqu'on lit les rares articles produits ces jours-là, alors même que, selon les chiffres officiels, les cas s'accumulent, qu'on en recense au Japon, en Thaïlande et en Corée du Sud, on constate que les médias dans leur ensemble ne s'alarment pas outre mesure. Du 20 au 21 janvier, par ailleurs, des experts de l'OMS font « une brève visite de terrain » à Wuhan.

En vérité, en cette fin du mois de janvier, ce qui intéresse le plus les médias dans l'affaire de l'étrange

1. https://www.francetvinfo.fr/sante/maladie/coronavirus/comment-devons-nous-nous-proteger-les-chinois-demunis-face-au-nouveau-virus-qui-a-deja-tue-trois-personnes_3792769.html

virus, c'est ce qu'il « suscite » – pour reprendre un verbe qu'ils affectionnent tant. Le 29, tandis que certains Parisiens portent un masque pour aller faire leurs courses – c'était du moins le cas dans mon quartier –, TV5 Monde s'émeut : « En France, un racisme anti-asiatique sévit en pleine épidémie de coronavirus chinois.[1] »

Durant plusieurs jours, se faisant l'écho de l'indignation qu'ils affirment lire sur les réseaux sociaux, des journalistes pointent les entorses au « vivrensemble » dont nombre de leurs compatriotes se rendraient coupables. Dans les transports publics de la capitale, d'aucuns iraient jusqu'à changer de place afin de n'être pas assis à côté d'une personne *a priori* trop asiatique à leur goût ; cette manœuvre, qui ne se limiterait d'ailleurs pas au métro ou au bus, blesserait profondément ses « victimes », fatiguées d'être les grandes oubliées de la concurrence victimaire plus connue sous le nom de lutte antiraciste.

Le parti d'en rire se manifeste lui aussi à cette époque, en particulier sur les réseaux sociaux où il est alors possible de voir des vidéos cocasses, et notamment une de la désormais célèbre soupe de chauve-souris dont les habitants de la province du Hubei seraient friands. De Vladivostok à Los Angeles en passant par Saint-Malo, Internet ricane en brodant sur les curieuses mœurs culinaires des Chinois. Pour ceux qui commettent des messages « racistes » selon TV5 Monde, cela paraît insolite, exotique et, surtout, lointain. Ils s'amusent de

1. https://information.tv5monde.com/video/coronavirus-racisme-anti-asiatiques-en-france

ce que leurs médias relativisent et leurs gouvernements semblent carrément ignorer. Il ne leur vient pas à l'esprit que l'« *épidémie* » pourrait franchir les océans et être plus grave que prévu.

Par ailleurs, en plus de combattre les clichés, les médias, toujours « vigilants », s'en prennent aux *fake news* – ou fausses informations en bon français. Le 23 janvier, *Le Parisien* croit nécessaire de faire le point sur les rumeurs qui traverseraient Internet[1] : sans preuve, certains I. P. accablent ceux qui, « sans preuve », prétendent que le virus se serait « échappé d'un laboratoire installé à Wuhan », ceux qui s'affolent de la nature du « désinfectant » répandu par les autorités locales à Shanghai, revient sur la vidéo de la pauvre civette en soupe « potentiellement létale » qui a tant dégoûté la Toile. De la même manière, d'autres journaux ou sites veulent rassurer le consommateur français qui attend un colis de Chine, se demandant s'il ne serait pas utile de s'équiper d'un masque pour se protéger du virus – *Numerama*, « site web d'actualité sur l'informatique et le numérique », garantit par exemple, lui aussi le 29 janvier : « Si vous n'êtes pas malade et que vous ne revenez pas de Chine, pas la peine de porter un masque.[2] » Tout à leur rôle de vigie du bien-pensé, chassant bien plus les fausses que les vraies informations, les médias ont l'air de désirer tranquilliser à tout prix les masses. Les critiques formulées envers la Chine, sur un mode humoristique ou avec condescendance, sont

1. http://www.leparisien.fr/societe/virus-en-chine-fake-news-et-speculations-en-pleine-propagation-23-01-2020-8242962.php

2. https://www.numerama.com/sciences/602348-coronavirus-attention-a-ces-fake-news-diffusees-sur-les-reseaux-sociaux.html

globalement rejetées car elles trahiraient tout à la fois un vieux fond xénophobe et une peur par définition irrationnelle.

Et puis l'actualité a ses raisons qui échappent au commun des mortels. Fin janvier, la campagne des municipales commençait à occuper beaucoup d'espace sur la scène médiatique. Ironiquement, la ministre de la Santé, Agnès Buzyn, était plus présente que jamais. En effet, les journalistes politiques faisaient d'elle la probable remplaçante de Benjamin Griveaux dans la conquête de Paris. L'ancien porte-parole du gouvernement, le grand contempteur des « *gars-qui-fument-des-clopes-et-roulent-au-diesel* », voyait sa candidature battre de l'aile au fil des sondages ; le parti présidentiel songeait à l'exfiltrer ; un « artiste » russe clarifia la donne en publiant, le jour de la Saint-Valentin, des photos du sexe et des *sextos* envoyés par le politicien à une amante devenue entre-temps la sienne. Durant vingt-quatre heures, ce *revenge porn* incongru phagocyta toute l'actualité ; toute la classe politique soutint Griveaux, qui se retira aussitôt, allant peut-être méditer sur la gloire du monde, le destin, le numérique et, plus sûrement, préparer un livre dans lequel il racontera – avec « une pudeur bouleversante », dira *Elle* – sa descente aux enfers puis sa renaissance. Le 16 février, LREM désignait Agnès Buzyn pour tenter de faire bonne figure dans la capitale où une victoire d'Anne Hidalgo se dessinait moins du fait des réussites de celle-ci que de la sociologie de la ville. Pourtant, deux jours plus tôt, la ministre de la Santé jurait qu'elle ne se jetterait pas dans la bataille, et ce à cause d'un « agenda trop chargé ». La campagne électorale s'ouvrait donc sur un psychodrame et le départ d'un ministre, important en temps normal, encore plus à l'heure où une épidémie se répandait en Asie.

L'infortune de Benjamin Griveaux venait par ailleurs achever un mois délirant. La France croyait enfin tenir son Weinstein. Une ancienne championne de patinage artistique, Sarah Abitbol, avait publié un livre dans lequel elle racontait les viols et agressions sexuelles que lui aurait fait subir son entraîneur lorsqu'elle était adolescente. Bénéficiant d'une large couverture médiatique, la sortie de l'ouvrage *suscita* un débat non seulement sur la personne de Didier Gailhaguet, inamovible président de la Fédération française des sports de glace (FFSG), accusé d'avoir su et couvert, mais aussi et surtout sur les « violences faites aux femmes » dont l'histoire de Sarah Abitbol aurait été un sinistre exemple. Les promoteurs de #MeToo, ce mouvement féministe prônant la délation et le recours au tribunal médiatique pour confondre le patriarcat accusé de motiver le passage à l'acte d'hommes pervers ou criminels par essence, s'en donnèrent alors à cœur joie. Le 30 janvier, dans son émission *Le Téléphone sonne*, France Inter fixait la ligne générale en titrant : « Partout, les femmes prennent la parole.[1] » C'est ce qu'avait fait également, quelques semaines plus tôt, Vanessa Springora. Dans *Le Consentement*, elle racontait l'emprise exercée sur elle par Gabriel Matzneff quand elle avait treize ans. L'étrange, c'est que dans nombre de ses romans, Matzneff disserte sur son amour des jeunes filles. Aussi, parmi ceux qui connaissaient un tant soit peu le milieu littéraire, nul n'ignorait

1. https://www.franceinter.fr/emissions/le-telephone-sonne/le-telephone-sonne-30-janvier-2020

cette louche inclination, qu'il n'avait pas reniée même après la redéfinition, dans le courant des années 1990, de la pédophilie comme un crime. Il n'avançait pas masqué. Tout à coup, ce qui avait été permis, du moins pour certains, en particulier les artistes, ne l'était plus. Durant des semaines, Matzneff, qui avait rapidement fui en Italie, connut une médiatisation dont son œuvre, pourtant forte d'une petite centaine d'ouvrages, l'avait plutôt éloigné, hormis dans les beaux quartiers où il piochait ses Lolita. Du haut de l'autorité morale que lui donnaient visiblement ses remords étalés sur deux-cent-seize pages, Vanessa Springora saluait d'ailleurs le courage de Sarah Abitbol et de toutes les femmes bien décidées à ne plus supporter la phallocratie et ne plus se taire face à ses brutales manifestations, même quinze, trente voire cinquante ans après. Pour les figures du féminisme en France, ces deux affaires n'en formaient qu'une, et elles le firent savoir à travers des centaines d'articles, reportages, manifestes, interviews, tweets qui envahirent littéralement la sphère médiatique, du reste convaincue du bien-fondé de la cause. Enfin avions-nous rattrapé les États-Unis dans la chasse aux vicieux ; en vidant leur sac, les femmes, toutes intrinsèquement héroïques, allaient nous guider sur le chemin de la plus parfaite égalité, au mépris de la biologie, de l'anthropologie et du droit naturel, appelés à céder devant la culture ou plutôt les « constructions culturelles ».

Dès lors, on comprend mieux pourquoi, jusqu'au milieu du mois de février, les médias, trop occupés à plonger les Français dans une psychanalyse collective, firent abstraction dans une très large mesure du nouveau virus. Or, ce dernier continuait de voyager et de tuer sur son passage. Dès le 24 janvier, la France recensait ses premiers malades : trois Chinois qui avaient séjourné à Wuhan. Quelques heures avant cette annonce, Agnès Buzyn avait déclaré lors d'un point-presse : « Le risque d'importation de cas depuis Wuhan est modéré, il est maintenant pratiquement nul parce que la ville est isolée. Les risques de cas secondaires autour d'un cas importé sont très faibles, et les risques de propagation du coronavirus sont très faibles. » Le lendemain, c'était au tour du Canada, du Népal et de l'Australie d'admettre la présence du virus sur leur sol ; plus grave, le 28 janvier, l'Allemagne faisait savoir qu'elle avait relevé un cas de contamination interhumaine chez elle. À ce stade, il y a déjà au moins un mois que le nouveau coronavirus croît, se promène et fauche avec une détermination qui surprend les spécialistes. Des responsables politiques s'insurgent alors contre l'absence de réaction du gouvernement français. C'est par exemple le cas de Nicolas Dupont-Aignan qui, le 27 janvier, réclame un « plan de précaution » et appelle, comme Marine Le Pen, à fermer préventivement les frontières du pays. Comment sont accueillies ces demandes ? Par des sourires en coin. On reconnaît bien là les obsédés des miradors, répondent en substance le gouvernement et les « citoyens du monde » qui parlent tant dans les micros de l'audiovisuel public que du privé. Il est alors de bon ton de répéter, comme un mantra, que les virus n'ont pas de passeport et qu'ils vont donc où ils veulent, ce qui revient à confier à une hypothétique intelligence mondiale la gestion de la crise qui se dessine. Car, à ce moment-là, le virus a déjà contaminé des milliers de personnes et fait des centaines de morts sur tous les continents. Mais, comme ils étaient, début janvier, plus obsédés par les atteintes au « vivrensemble » que par les effets de l'épidémie, les partisans de l'unimonde rabâchent alors que la solution au problème ne saurait être que « collective ».

Le 30 janvier, l'OMS déçoit leurs optimistes prévisions en déclarant l'état d'urgence de santé publique de portée internationale (USPPI). Instaurée en 2005, après l'épidémie de SRAS-CoV, cette déclaration est collégiale ; elle émane d'un comité d'urgence formé de virologues, épidémiologistes, spécialistes tous nommés par le directeur général. Depuis 2005, c'est la sixième fois que l'OMS déclare une USPPI, preuve que la procédure n'est pas exceptionnelle. Entre 2014 et 2019, elle l'avait fait pas moins de quatre fois, notamment pour deux flambées d'Ebola en Afrique et une de Zika en Amérique. En fait, contre le nouveau coronavirus, qu'elle appelle 2019-nCoV à cette époque, le comité d'urgence aurait voulu agir plus tôt. Tout au long du mois de janvier, le *leadership* de l'omnipotent directeur général, l'Éthiopien Tedros Adhanom Ghebreyesus, a été contesté en interne. Des sources concordantes établissent qu'il a freiné des quatre fers afin de repousser cette déclaration lancée quand se produit « un événement extraordinaire dont il est déterminé qu'il constitue un risque pour la santé publique dans d'autres États en raison du risque de propagation internationale de maladies et qu'il peut requérir une action internationale coordonnée ». Au regard de cette définition, sachant quelle était la situation dès le milieu du mois, on ne voit pas bien pourquoi l'organisation a attendu la toute fin de janvier, sauf si elle y trouvait un intérêt. Cette pusillanimité est fâcheuse dans la mesure où, par convention, l'OMS dispose de larges pouvoirs et moyens, et que son autorité dans la lutte contre les épidémies est reconnue par la communauté internationale. L'USPPI oblige les États ; en la déclarant tardivement, l'OMS a facilité *de facto* la propagation du virus.

Si janvier pouvait être qualifié de mois de l'insouciance, février pourrait être désigné comme celui du déni, surtout en Europe. Cependant que le virus est présent en Italie, en Belgique, en Allemagne, au Royaume-Uni, en Espagne et en France, l'Union européenne brille – une fois n'est pas coutume – par son absence. Les gouvernements, quant à eux, ne prennent aucune mesure ; on dirait qu'ils acceptent la propagation du 2019-nCoV comme un fait inéluctable. Bien sûr, ils diront – ils le disent déjà – qu'ils ne savaient pas, que rien ne pouvait les préparer à faire face à une épreuve de cette nature. Dans la bouche de Saint-Marin, d'Andorre ou même de la Slovaquie, cet argument est recevable. Mais dans le cas de l'Allemagne ou de la France, il a tout l'air d'un mensonge. On sait aujourd'hui que dès l'apparition de cas de pneumonies suspectes à Wuhan, l'ambassade de France en Chine a alerté l'Élysée. Notre appareil d'État se targue à juste titre d'avoir de remarquables services de renseignements ; qui peut croire qu'ils n'ont pas fait remonter des informations dans le courant du mois de décembre ? D'ailleurs, Agnès Buzyn devait vendre la mèche quand, le 17 mars, dans le spécieux repentir qu'elle commettait devant des journalistes du *Monde*, elle avouait avoir prévenu, dès le 11 janvier, le Président et le Premier ministre de la gravité de l'épidémie[1]. Nul doute que les dirigeants du Royaume-Uni, de l'Allemagne et, dans une moindre mesure, de l'Italie et de l'Espagne surent eux aussi, presque en temps réel, ce qui se tramait dans la province du Hubei. Sans doute ont-ils pensé, au tout début, qu'il en irait du 2019-nCoV comme du SRAS-CoV, lequel n'avait pour ainsi dire pas survécu à son exportation, tuant finalement fort peu et presque pas du tout en Europe. Mais, pour soutenir cette thèse, encore fallait-il que les chiffres communiqués par les autorités chinoises fussent justes ; encore fallait-il avoir envie de croire en ces chiffres, par un mélange de diplomatie, d'autosuggestion et d'idéologie. Bien plus que par la santé de leurs peuples respectifs, les dirigeants européens étaient alors obnubilés par celle des places boursières qui, telles des adolescentes, sont très « sensibles » aux rumeurs. Ce n'est pas tant les populations que le tout-puissant marché qu'ils voulaient « rassurer » en faisant comme si de rien n'était.

Or, bien sûr, il ne suffit pas de nier un fait pour qu'il n'ait pas lieu. Et tandis que les Français débattaient des mésaventures de Griveaux et des véreuses passions de Matzneff, le virus s'obstinait dans sa course folle. Le 11 février, l'OMS donnait à ce dernier le nom sous lequel l'histoire le retiendrait : Covid-19. Plus précisément, c'est là le nom de la maladie résultant du SRAS-CoV-2 – distinction qui explique pourquoi, sagement, l'Académie française a opté pour le genre féminin. La multiplication des cas fait alors remonter

1. https://www.lemonde.fr/politique/article/2020/03/17/entre-campagne-municipale-et-crise-du-coronavirus-le-chemin-de-croix-d-agnes-buzyn_6033395_823448.html

l'action Covid-19 dans le cours médiatique. Le 15 février, la France a l'insigne honneur d'être le premier pays en dehors de l'Asie à compter un mort dû au virus, en l'occurrence un touriste chinois hospitalisé à Paris, à l'hôpital Bichat. La veille, parti de Hong Kong, le paquebot MS *Westerdam*, propriété de la Holland America Line, transportant près de mille-cinq-cents passagers, débarque certains d'entre eux à Sihanoukville, capitale du Cambodge, après avoir essuyé le refus d'accoster de plusieurs pays ; à son bord, plusieurs personnes sont malades, notamment une octogénaire américaine qui, sans avoir subi le moindre examen à quai, prend avec son mari un avion en direction de Kuala Lumpur, en Malaisie. Il est désormais acquis que les croisiéristes du MS *Westerdam* ont propagé la Covid-19 à travers le monde ; les institutions internationales, à commencer par l'ONU, ont laissé le pauvre Cambodge se débrouiller tout seul. Pendant ce temps, en Europe, l'heure est toujours au déni.

Alors que l'Italie est le pays d'Europe où l'on dénombre le plus de cas, doit se dérouler, le 19 février, le huitième de finale aller de Ligue de Champions entre l'Atalanta Bergame et le FC Valence. C'est plus précisément la Lombardie et sa capitale, Milan, qui sont la porte d'entrée du virus dans la Botte. La compétition la plus prestigieuse du football mondial draine chaque année plus de deux milliards d'euros[1] ; elle écrase désormais les championnats nationaux, considérés par les grands clubs comme secondaires ; pour le Real Madrid,

1. https://fr.uefa.com/uefachampionsleague/news/02540e99d732231e184437 5dddae-1000--champions-league-combien-elle-rapportera-en-2019-20/

le FC Barcelone, le PSG ou Liverpool, une saison est ratée si elle ne mène pas au moins en quart de finale de ce qui ressemble de plus en plus à une ligue fermée sur le modèle des ligues sportives américaines. L'enjeu économique est donc énorme, et l'UEFA, qui gère la compétition, n'entend pas du tout annuler le match. Le stade de l'Atalanta n'étant pas homologué pour accueillir une rencontre de Ligue des Champions, cette dernière aura lieu dans le mythique San Siro, à Milan. Des milliers de Bergamasques et de Valenciens se rendent donc dans la riche cité. Et ce n'est pas la brillante victoire de l'équipe italienne qui sera retenue mais bien plutôt les conséquences sanitaires de l'irresponsable maintien de ce match. Car si la Lombardie est déjà frappée par la Covid-19 à cette date, la ville de Valence l'est également. Réunir en un même lieu ô combien favorable à la transmission d'un virus qu'on sait très contagieux des dizaines de milliers de personnes, dont des milliers potentiellement malades, c'est jouer avec le feu ! Il est impossible de certifier que ce match a participé à la diffusion de la maladie dans les deux pays – même si certains spécialistes ne s'en privent pas[1]. On remarquera cependant que, début mars, le FC Valence annonçait que 35 % de son personnel était infecté par le virus et que, parmi les deux-mille-cinq-cents supporters valenciens présents à Milan plusieurs furent testés positifs à leur retour en Espagne.

Il convient d'ailleurs de s'attarder sur le cas de l'Italie. Le 21 février, elle compte seize malades rien

1. Cité par l'AFP le 25 mars, Walter Ricciardi, représentant de l'Italie à l'OMS, évoque carrément un « accélérateur de la propagation du virus ».

qu'en Lombardie[1] – chiffre forcément inférieur à la réalité du fait de l'importance des malades asymptomatiques ; deux jours plus tard, elle annonce en recenser cent-cinquante. Entre-temps, le ministère de la Santé a ordonné, dans onze villes du nord, la fermeture des bars, écoles, stades, bibliothèques, mairies, magasins, et ce pour une durée d'une semaine. C'est notamment le cas de Codogno, ville de quinze-mille habitants, dans la province de Lodi, et premier foyer de la maladie dans la péninsule. C'est là que, le 20 février, le premier cas de Covid-19 contracté en Italie – et non en Chine – est détecté ; il s'agit d'un homme de trente-huit ans, Mattia Maestri, cadre chez Unilever, sportif et en bonne santé, du moins avant qu'il ne croise la route du coronavirus qui l'envoie à l'hôpital – contaminé à son tour, son père en mourra. Le « patient zéro » italien a donc un nom. Pour expliquer cette infection d'apparence endogène, les autorités sanitaires italiennes ont pointé un dîner entre Maestri et un Italien rentré de Chine en janvier. Le 26 février, les autorités dénombrent quatre-cent-vingt-huit cas, la plupart en Lombardie[2]. Trois jours plus tard, le bilan passe à mille-cent-vingt-huit cas et vingt-neuf décès. La vitesse avec laquelle le virus se propage est frénétique, inédite et laisse nombre de spécialistes interdits. Nonobstant les mesures de confinement prises rapidement par le gouvernement italien, les régions et les municipalités, la Covid-19 se répand dans la plaine du

1. https://www.reuters.com/article/us-china-health-italy-outbreak/coronavirus-outbreak-grows-in-northern-italy-16-cases-reported-in-one-day-idUSKBN20F2GF

2. https://www.ilmessaggero.it/mondo/coronavirus_diretta_morti_contagi_oggi_ultime_notizie_26_febbraio_2020-5075865.html

Pô. En 2003, le SRAS-CoV avait fait seulement quatre malades pour aucun décès dans le pays.

Le drame en cours en Italie devrait secouer ses voisins, en particulier la France. Si nos médias se réveillent, faisant de l'épidémie, à partir de la troisième semaine de février, le sujet le plus traité et le plus commenté, il n'en va pas de même du pouvoir. Pour succéder à Agnès Buzyn, Emmanuel Macron a choisi non pas un homme mais un lieu commun : Olivier Véran. Jeune neurologue originaire d'Isère, il a fait ses classes au Parti socialiste, est entré au Parlement en 2012, a rédigé quelques rapports puis, en 2017, s'est rallié au ménestrel d'Amiens comme la plupart des centristes des deux rives. Bien peigné, bien rasé, doté d'un zozotement qui vient drôlement égailler un timbre de voix à faire dormir un teufeur sous speed, il avait tout pour plaire aux pensionnaires des EHPAD, femmes très âgées qui raffolent des ravis de la crèche à tête d'expert-comptable qui leur rappellent les « braves garçons » de leur jeunesse. Un ministre de la Santé doit « rassurer », et il est certain que, au moral comme au physique, Olivier Véran n'inquiète pas du tout et même, en vérité, ne *suscite* rien ; on l'imagine bien diriger une agence bancaire, faire de temps à autre un tennis avec les copains pour garder la forme, entretenir une maîtresse pénible et ne lire que des revues spécialisées ou, pire encore, Paulo Coelho. Placé là pour tranquilliser les Français, Olivier Véran s'est attelé à la tâche avec un enthousiasme certain. Le 24 février, à l'occasion d'un point-presse, il annonçait la « mobilisation de soixante-dix établissements de santé supplémentaires pour faire face à d'éventuels nouveaux cas d'infection par le coronavirus SARS-CoV-2 sur le territoire national[1] ». Du reste, il ajoutait : « Il n'y a à ce stade pas d'épidémie en France. » On note donc que, pour lui, un scénario à l'italienne n'est qu'une hypothèse, par ailleurs peu crédible si l'on en juge par les mesures prises notamment en matière de masques. Car dans la même intervention, Olivier Véran tente d'apaiser les soignants qui, depuis un mois, alertent sur le terrible manque de masques en général et de FFP2 – bien plus protecteurs – en particulier. Il précise que, « dans un marché qui est tendu sur le plan international », il va « travailler avec les entreprises productrices de masques FFP2 (...) qui sont situées sur le sol français » et qu'il « passe déjà une commande en quantité ». À ses côtés, le directeur général de la Santé (DGS), Jérôme Salomon, ajoute que : « des masques de ce type (sont) déjà disponibles dans les établissements de santé mais que les stocks (vont) être renforcés pour permettre une protection maximale des professionnels de santé en cas de confrontation à une épidémie sur le territoire national ». Par conséquent, l'État va commander plusieurs dizaines de millions de masques, même si on comprend bien que les responsables de la sécurité sanitaire du pays ne les jugent pas indispensables. Enfin, à cette date, on apprend que la France est capable d'effectuer quatre-cents tests par jour. Ce n'est pas avec du recul mais à l'aune de ce qu'endurent à ce moment-là l'Italie et l'Espagne que ces chiffres paraissent dérisoires. Wuhan est sous cloche, la Lombardie l'est en partie, le virus se répand en Espagne, il est en France, où il a déjà tué, mais Olivier Véran

1. https://www.apmnews.com/freestory/10/347635/coronavirus-olivier-veran-annonce-la-mobilisation-de-70%C2%A0etablissements-de-sante-supplementaires

explique en substance que ses services sont prêts et que, de toute façon, les Français ne doivent pas se faire de bile.

Cette assurance va légitimer le maintien d'un autre match de football : le 26 février, toujours dans le cadre de la Ligue des Champions, l'Olympique Lyonnais (OL) doit recevoir la Juventus de Turin. Le Piémont est limitrophe de la Lombardie ; il y a donc fort à parier que la Covid-19 s'y balade. Les jours précédant le match, des voix se font entendre en France qui réclament son report ; elles sont étouffées par celles, plus nombreuses et appuyées par les propos rassurants du ministre, qui demandent au contraire de ne pas « céder à la peur ». Aussi, en cette fin de février, des milliers de *tifosi* de la Vieille Dame viennent à Lyon, s'y promènent durant l'après-midi, y expérimentent à raison le fameux bouchon servi dans les restaurants de la ville, puis se rendent au stade, y hurlent, y boivent, y fument. La Fédération des médecins de France (FMF), qui avait enjoint Olivier Véran à ne pas commettre la même erreur que le gouvernement italien une semaine plus tôt avec le match opposant l'Atalanta Bergame au FC Valence, est persuadée que celui entre l'OL et la Juventus de Turin est à l'origine de *l'explosion* du nombre de cas de Covid-19 dans le département du Rhône quinze jours plus tard[1]. Comme le suggère la brève philippique de la FMF, Olivier Véran et, plus largement, l'appareil d'État ont pensé que ce qui se déroulait en Italie était pour ainsi dire propre aux Italiens. Il faudrait être bien malhonnête pour vanter les mérites de l'administration italienne, mais la condescendance avec laquelle elle fut traitée par

1. https://www.fmfpro.org/le-foot-accelerateur-de-l-epidemie-de-covid-19.html

nos dirigeants agacerait jusqu'au plus grand amoureux de clichés sur les « mandolinistes ». En clair, dans le discours gouvernemental, l'Italie souffrait parce que c'était l'Italie. Nos élites se complaisent à s'imaginer un peu anglo-saxonnes ; c'est d'autant plus vrai chez les *startupeurs* de LREM, anciens étudiants d'HEC et de Sciences Po qui ne se remettent toujours pas, quinze ans après la fin de leurs études, de leur stage à Berlin, Londres et New York ; aux commandes de « l'entreprise France », ils désirent par-dessus tout se montrer dignes de leur école de pensée, à savoir le « bougisme » propre aux *winners* du mondialisme.

Les macronistes ont voulu montrer au monde qu'ils étaient encore plus libéraux que les Allemands et les Britanniques. Les autorités allemandes, elles, n'avaient rien à prouver ; pragmatiques, elles alertèrent dès le début de février les Allemands présents en Asie, recommandant par exemple à ceux qui l'étaient au Japon de se détourner des lieux publics, de ne pas se rendre au travail et même de rentrer le plus rapidement possible au pays. Encore plus fort, le 1er février, tous les membres de l'espace Schengen suspendirent les visas avec la Chine, tous sauf la France[1]. Pendant ce temps, partis de la base aérienne 110 de Creil, des avions vont chercher des centaines de Français vivant en Chine et qui, soudainement moins heureux d'avoir quitté leur vieille nation si peu « dynamique », supplient sur les réseaux sociaux qu'on les rapatrie de toute urgence ; tant qu'à faire, nos Airbus embarquent également des ressortissants d'autres pays

1. https://www.schengenvisainfo.com/news/confirmed-all-schengen-countries-but-france-have-suspended-visa-issuance-in-china/

européens. Gérés tantôt par du personnel militaire, tantôt par des civils, mais tous sous le contrôle de l'armée, ces vols impromptus ont inquiété ; des agents de la base de Creil ont contracté la Covid-19 dans les jours qui ont suivi cette opération de rapatriement ; ceux qui ont tenté d'en savoir plus, et notamment si des militaires avaient étaient contaminés, se sont vus opposer le secret-défense. C'est dans ce contexte que, le 17 février, entre deux et trois-mille fidèles de l'Église Porte ouverte chrétienne, mouvement évangélique, se réunissent durant quatre jours à Mulhouse. Certains médias, trop contents de pouvoir accuser des chrétiens, ont fait par la suite de ce rassemblement le foyer principal de la maladie en France ; qualifiés d'irresponsables, les organisateurs de ce colloque d'inspiration si peu française, auraient ignoré les recommandations de l'État en matière de regroupement. Chacun voit midi à sa porte, et il est certain que les patrons de cette Église ont manqué de sagacité, à l'instar des touristes qui s'en iront au Maghreb voire beaucoup plus loin les semaines suivantes, tandis que l'Italie et l'Espagne seront confinées. Mais au moment où ce rassemblement s'est tenu, les règles sanitaires en vigueur dans le cadre du « stade 1 » ne l'interdisaient nullement. Aussi quand, le 17 mars, le préfet de la région Grand Est, Josiane Chevalier, dont le profil la voue davantage au Grand Orient qu'au Christ, accablera sur l'antenne de France Inter les fidèles de la Porte ouverte chrétienne, leur reprochant une « non prise en compte des mesures de base[1] », elle fera preuve

1. http://www.lavie.fr/religion/protestantisme/coronavirus-a-mulhouse-evangeliques-nous-sommes-devenus-le-bouc-emissaire-26-03-2020-104973_18.php

d'une mauvaise foi stupéfiante. Car mi-février, lesdites mesures de base n'étaient même pas connues. Toujours est-il que, c'est un fait indéniable, ce symposium évangélique fut le premier grand *cluster* de France ; près d'un tiers des participants y auraient contracté la Covid-19 et une trentaine en seraient morts. Sur les réseaux sociaux, les athées militants, toujours prêts à s'en prendre au christianisme mais beaucoup moins vaillants lorsqu'il s'agit de l'islam, bien conscients qu'ils sont que tous les croyants ne se défendent pas de la même manière, insultèrent sans retenue les « irresponsables » de Mulhouse. Probablement encore émerveillé par la manifestation islamiste contre l'islamophobie à laquelle les députés de son mouvement, la plupart élus des « quartiers », avaient participé le 10 novembre 2019, Jean-Luc Mélenchon osa dire le 21 mars à l'Assemblée que la contamination du pays avait pour cause cette « réunion religieuse » et que « si cela avait été des musulmans, on en aurait entendu parler pendant des jours » – c'étaient des chrétiens, en effet, et pourtant l'on en entendit parler durant des semaines.

Du 16 au 24 février, soit près de deux mois après l'apparition officielle du nouveau coronavirus, l'OMS envoie enfin en Chine une vraie mission composée notamment d'experts venus d'Allemagne, du Canada, des États-Unis et du Japon. Cette jolie troupe se rend à Pékin et, surtout, à Wuhan ; selon les termes du compte rendu publié par l'OMS, elle s'entretient « avec les autorités sanitaires, les scientifiques et le personnel soignant des établissements de santé ». Toutefois, il s'agit là d'une mission conjointe OMS-Chine, qui permet donc à cette dernière de garder le contrôle sur ladite mission, qui accouche d'un épais rapport[1]. Entre-temps, je le rappelle, plusieurs villes du nord de l'Italie ont été confinées ; le 29 février, elle déclare recenser plus d'un millier de malades et vingt-neuf décès ; le même jour, à Perpignan, cent-mille partisans de l'indépendance de la Catalogne défilent en soutien à Carles Puigdemont – on n'a pas entendu Jean-Luc Mélenchon critiquer cette manifestation autrement plus massive que celle de Mulhouse. En France en général, les derniers jours de février se déroulent dans une atmosphère étrange, entre indolence et veillée d'armes. Il faut bien avoir en tête que, contrairement à ce qu'ils répètent aujourd'hui et diront peut-être plus tard, du moins les fusibles, devant la Cour de justice de la République (CJR), nos dirigeants savent que la vague arrive. Le 25 février, sur RTL, dans un français qui tient à la fois de la presse féminine et de la note d'analyse des concours de l'administration, Olivier Véran disait : « L'épidémie est à nos portes. » Moins par amitié que pour certifier que l'État avait réagi à temps et avec tous les moyens nécessaires, il se lançait par ailleurs dans un vibrant et emberlificoté – pour être gentil – hommage à son prédécesseur : « Jusqu'à présent, sous l'action remarquable d'Agnès Buzyn et que je salue ici, parce que je peux vous garantir que si la France aujourd'hui en est où elle en est, c'est parce que Agnès Buzyn a une nature remarquable depuis le premier jour et qu'elle a pris le dossier à bras le corps. » Surtout, raccord avec Emmanuel Macron qui refusait net cette solution sous prétexte qu'elle aurait été une concession faite au nationalisme, c'est-à-dire, dans

1. https://www.who.int/docs/default-source/coronaviruse/who-china-joint-mission-on-covid-19-final-report.pdf?sfvrsn=fce87f4e_2

l'esprit du camp progressiste, au fascisme, il ajoutait : « On ne ferme pas les frontières car ça n'aurait pas de sens. À ce stade, il n'y a pas lieu d'envisager la fermeture des frontières.[1] » Deux jours plus tard, lors d'un nouveau point-presse, Olivier Véran affirmait à propos des stocks de masques, du gel hydroalcoolique et des tests : « Nous sommes depuis des semaines dans l'anticipation. Nous avons et nous garderons un temps d'avance. » Le lendemain, soit le 28 février, la vague est là. Au même moment, à Creil, dans l'Oise, mais aussi en Savoie, dans le Morbihan et en Alsace, des *clusters* naissent ; des cas sont recensés par ailleurs à Mont-de-Marsan, Bois-Guillaume et Angers. Dans son rapport, la délégation de l'OMS vantait à juste titre les méthodes employées par les autorités chinoises pour juguler l'épidémie, à savoir le confinement, la systématisation des tests, le traçage de la population des villes infectées et l'éviction des malades ; les experts prédisaient en outre que cette stratégie ne pourrait être adoptée par les démocraties libérales du fait de leur nature. C'est vrai et, a-t-on envie de dire, heureusement ; mais rien n'empêchait la France, même au temps du macronisme, de fermer préventivement ses frontières ; si elle ne l'a pas fait, ce n'est pas par respect du droit ou par passion des libertés individuelles mais dans un réflexe purement idéologique.

Pour reprendre une expression adorée des historiens, qui en abusent, les premiers jours du mois de mars sont, pour la France, un moment charnière. Après avoir prétendu qu'il ne fallait pas redouter le virus, puis affirmé

1. https://www.lepoint.fr/societe/coronavirus-l-epidemie-est-a-nos-portes-ministre-25-02-2020-2364309_23.php

que, s'il arrivait quand même, notre système de santé, supposément « le meilleur du monde », saurait faire face, le pouvoir est confronté à des *clusters* répartis sur tout le territoire national. Le principal, alors, est celui de l'Oise. Plutôt que de confiner ce dernier, le gouvernement décide de fermer les écoles, de limiter les déplacements et d'interdire les rassemblements dans ce département rural qui, pour les Parisiens, est déjà un autre pays, une absolue « campagne ». Au niveau national, les rassemblements de plus de cinq-mille personnes sont également proscrits, ce qui entraîne l'annulation de nombreux festivals et manifestations culturelles. Sur les écrans de télévision, on peut alors observer, ébahis, des agents des services sanitaires, engoncés dans des combinaisons NRBC, marchant dans les rues des bourgs de l'Oise ; ces images semblent sortir d'un film-catastrophe américain des années 90, tel l'amusant *Alerte* avec Dustin Hoffman ; le décalage entre le discours officiel, qui demeure étrangement calme, et les moyens déployés par l'État pour stopper l'épidémie dans une poignée de cantons ne peut que surprendre les Français. Même le moins suspicieux des hommes saisit alors que l'affaire doit être plus grave que ce qu'Olivier Véran et ses subordonnées en disent. On n'ose imaginer que les têtes pensantes du ministère de la Santé ne lisent pas les revues *Science* et *The Lancet*. Dès le 25 février, dans la première, Jon Cohen et Kai Kupferschimdt, deux éminents journalistes scientifiques, expliquaient que la pandémie l'avait emporté[1]. Plus globalement, les

1. https://www.sciencemag.org/news/2020/02/coronavirus-seems-unstoppable-what-should-world-do-now

spécialistes sont à ce moment-là d'accord pour dire que l'épidémie ne peut pas être arrêtée, que l'augmentation exponentielle de cas induit forcément une contamination interhumaine et que, pour freiner sa course, les États doivent s'inspirer de ce que font, avec succès, les autorités chinoises. Les Français lisent, écoutent, se renseignent, en particulier sur Internet ; aussi, malgré les annonces volontairement rassurantes du gouvernement, ils se jettent, dans les pharmacies, sur les masques et le gel hydroalcoolique, de sorte que, début mars, ceux-ci commencent à manquer. Le porte-parole du gouvernement, Sibeth Ndiaye, fait la tournée des radios – c'est son rôle – pour défendre la stratégie – que l'on qualifiera de minimale – de ses supérieurs, avec d'autant plus de conviction que, sans Emmanuel Macron, cette banale communicante, qui a longtemps refusé de prendre la nationalité française, ne serait jamais devenue ministre, « job » qui ne fera pas tache dans son CV quand il lui faudra – vite, on l'espère – retrouver un poste dans le *consulting*. Le 6 mars, tandis que les services de l'État dénombrent trois centaines de cas dans tout le pays, le président de la République se rend en compagnie de son épouse au théâtre Antoine pour assister à une représentation de la pièce *Par le bout du nez* ; selon les très bobos producteur Jean-Marc Dumontet et le journaliste de *Quotidien* Paul Larrouturou, Emmanuel Macron déclare à cette occasion : « La vie continue. Il n'y a aucune raison, mis à part pour les populations fragilisées, de modifier nos habitudes de sortie[1]. » Pour mémoire,

1. https://people.bfmtv.com/actualite-people/emmanuel-et-brigitte-macron-au-theatre-pour-inciter-les-francais-a-sortir-malgre-le-coronavirus-1870852.html

la France vit alors un « grand moment de démocratie » : la campagne des élections municipales. Et si, dans l'ensemble, les sondages ne sont pas bons pour LREM, le mouvement présidentiel peut espérer gagner dans la plupart des métropoles et des grandes villes, où se concentre son électorat bourgeois. Le 11 mars, cependant que le « stade 2 », qui a pour but d'empêcher la propagation du virus sur tout le territoire national, a été déclenché par l'État, l'exécutif institue un conseil scientifique afin de le guider dans la gestion de la crise. Pour constituer ledit conseil, formé de onze membres, le pouvoir macroniste n'a pas pioché uniquement parmi les nombreux spécialistes que compte notre pays ; il a pris surtout des amis idéologiques, à commencer par son chef, le septuagénaire professeur Jean-François Delfraissy, immunologue réputé, président du très progressiste Comité consultatif national d'éthique (CCNE), transhumaniste fanatique, vif partisan de la PMA, de la GPA et de l'euthanasie.

Le pouvoir a eu raison de s'entourer de spécialistes. Mais la création de ce conseil scientifique est problématique à plus d'un titre. D'abord, comme je l'ai dit, il est très clairement orienté ; c'est dans les rangs progressistes que ces chercheurs ont été dénichés par les hommes du président de la République. Ainsi, ce dernier était certain de ne pas être embêté. Ensuite, comme les médias l'ont révélé sans trop y insister, la plupart des membres de cette équipe sont englués dans des conflits d'intérêts ; l'infectiologue Karine Lacombe, par exemple, est liée au laboratoire pharmaceutique américain Gilead Sciences, qui finance ses travaux. En vérité, du fait de l'état lamentable de la recherche scientifique publique française, qui se démène avec des moyens très insuffisants, le recours aux financements privés est presque indispensable. Mais il est insupportable de voir les libéraux s'en étonner, eux qui poussent à raboter sans cesse les crédits alloués aux instituts publics parce que, selon leur idéologie, le privé serait plus performant et vertueux. Et il est encore plus choquant d'entendre d'autres libéraux s'agacer de cet étonnement, faisant comme si, parce qu'ils sont de fait inévitables, les conflits d'intérêts devraient être tolérés. Le macronisme a rempli l'Assemblée de chefs de projet, chargés de mission, consultants, *managers* de toutes sortes issus du commerce et de la finance ; fiers de leurs parcours, il leur arrive de dire – c'était notamment le cas durant le mouvement des Gilets jaunes – qu'ils auraient pu gagner beaucoup plus d'argent en ne s'engageant pas dans la vie politique de leur pays ; ils vivent leur mandat comme un genre de sacrifice et veulent qu'on les en félicite. Dans leur esprit, la notion d'intérêt général ne semble pas être très claire ; leurs mots, qu'on dirait tous extirpés d'un manuel de marketing, les trahissent lorsqu'ils parlent de la France comme d'une « entreprise ». Enfin, le fait même d'instituer ce conseil scientifique, qui plus est au moment où le gouvernement commençait de toute évidence à être dépassé par les événements, peut être vu comme une dévolution du pouvoir du politique au profit des experts. Près de quatre-cent-cinquante millions d'Européens sont dirigés par des institutions non élues et irresponsables : Commission, Cour de justice et Banque centrale. Les bâtisseurs et zélateurs de l'Union européenne justifient cet état de fait par l'expertise des membres cooptés de ces mêmes institutions ; dans ce cadre, le politique en est réduit à gérer les conséquences des décisions prises par des *sachants* qui, quoiqu'ils puissent l'être en effet dans leurs domaines respectifs, n'ont aucune légitimité démocratique. Dès lors, on ne saurait être pas trop interloqué par la constitution de ce groupe des onze mélangeant virologues, infectiologues mais aussi un anthropologue et un sociologue – ce qui n'est pas bête. Pour l'exécutif, il présente en sus l'avantage de faire endosser à d'autres la responsabilité de la gestion de l'épidémie, du moins en partie ; quand, hélas pas avant quelques années, les ministres actuels devront répondre de leurs actes devant la CJR, dont ils n'ont en vérité pas grand-chose à craindre, ils pourront se réfugier derrière les avis du conseil scientifique. D'ailleurs, quoique servile, ce dernier a bien compris quelle était sa fonction politique ou plutôt juridique et, après s'être beaucoup excité juste après sa création, il s'est rapidement calmé, allant jusqu'à rappeler que les décisions prises par le gouvernement appartenaient à lui seul.

Une décision en particulier braqua les experts du conseil scientifique : le maintien du premier tour des élections municipales prévu le 15 mars. Selon la version du gouvernement, il aurait opté pour cette solution après avoir consulté les chefs de partis et le conseil scientifique. Le 12 mars, Emmanuel Macron s'adresse à son bon peuple à 20 heures. Dans un style d'un suffocant lyrisme dont il ne dérogera pas ensuite, il dit notamment, à propos de son groupe d'experts : « Ils considèrent que rien ne s'oppose à ce que les Français, même les plus vulnérables, se rendent aux urnes. » Puis, à propos des autres partis, il affirme : « J'ai demandé au Premier ministre, il l'a fait encore ce matin, de consulter largement toutes les familles politiques. Et elles ont exprimé la même volonté.[1] » Au soir du 12 mars, les services de l'État dénombrent deux-mille-huit-cents cas et soixante-et-un décès ; le nombre de malades augmente de 20 à plus de 50 % par jour. La veille, l'OMS a enfin reconnu que le monde faisait face à une pandémie. Questionnés par France Info le 24 avril, les responsables des « familles politiques » nient avoir refusé le report des élections. Plus précisément, ils déclarent qu'on ne les a pas interrogés sur ce point[2]. Seul le président du Sénat, le très radical-socialiste Gérard Larcher, qu'on croirait toujours sorti de table ou d'un concours agricole, admet avoir été sondé et avoir défendu le maintien du premier tour. On sait alors que le virus est très contagieux et que, pour enrayer sa propagation, ce qui marche le mieux, c'est le triptyque masque-dépistage-quarantaine pratiqué avec succès à Taïwan, en Corée du Sud et en Chine – même si l'on peut douter très fort des chiffres communiqués par cette dernière. On sait également que la Covid-19 frappe en priorité les personnes âgées et qu'il les tue beaucoup plus que les jeunes. D'ailleurs, dans son adresse, Emmanuel Macron demande solennellement aux « plus de soixante-dix ans, à celles et ceux qui souffrent de maladies chroniques ou de troubles respiratoires, aux personnes en situation de handicap de rester autant que possible à leur domicile. (Ils) pourront, bien sûr, sortir de chez (eux) pour faire leurs courses, pour s'aérer, mais (ils) doivent limiter leurs contacts au

1. https://www.elysee.fr/emmanuel-macron/2020/03/12/adresse-aux-francais

2. https://www.francetvinfo.fr/sante/maladie/coronavirus/video-maintien-du-premier-tour-des-municipales-malgre-le-coronavirus-les-partis-politiques-ont-ils-vraiment-ete-consultes-envoye-special-a-enquete_3930757.html

maximum ». Les personnes âgées ont la passion des isoloirs ; à chaque élection, elles vont voter comme un seul homme ; elles forment par ailleurs un électorat centriste, dont le poids fait souvent pencher la balance en faveur des candidats de gauche et de droite dites de gouvernement. Le dimanche 15 mars, le taux d'abstention s'éleva à plus de 55 %, contre 36 en 2014. Et c'est chez les retraités que le pourcentage fut le plus élevé, contribuant ainsi au mauvais score de LREM. Près de vingt millions de Français allèrent cependant « faire vivre la démocratie » en glissant un bout de papier dans une boîte. Il faut imaginer les milliers de petites mairies, salles des fêtes, écoles dans lesquelles, pour la plupart sans masques, ces courageux électeurs se pressèrent durant de longues minutes. Tous les sondages annonçaient largement perdante LREM ; la décision de maintenir ce premier tour ne saurait donc s'expliquer par un calcul de l'exécutif. Mais, très contesté, sinon dans les médias du moins par l'opinion publique, Emmanuel Macron redoutait probablement de se voir accusé par l'opposition de vouloir éviter une défaite. Cette hypothèse est insuffisante, d'autant plus si l'on écoute les journalistes politiques pour qui la question du maintien aurait divisé l'exécutif, entre un président qui y était favorable et un Premier ministre qui ne l'était pas. Visiblement, comme à son habitude, le Kennedy picard n'en fit qu'à sa tête ; la responsabilité du maintien lui incombe donc intégralement ; l'inévitable propagation du virus induite par cette décision vient s'ajouter au funeste bilan de sa présidence. Toujours dans son allocution du 12 mars, il annonçait la fermeture des crèches et des établissements scolaires à compter du 16 mars ; il promouvait le recours au « télétravail » pour les salariés en mesure de le faire ; surtout, il décrétait judicieusement la mise en œuvre d'« un mécanisme exceptionnel et massif de chômage partiel » afin de soulager les entreprises et protéger les salariés. En passant, il ne pouvait cependant s'empêcher de commettre une diatribe contre « le repli nationaliste ». Pourtant, le Danemark, l'Allemagne, l'Italie, l'Autriche, la République tchèque, la Pologne étaient en train de fermer leurs frontières. Par conséquent, avec du recul, il est amusant d'entendre Emmanuel Macron dire : « Nous aurons sans doute des mesures de contrôle, des fermetures de frontières à prendre, mais il faudra les prendre quand elles seront pertinentes et il faudra les prendre en Européens, à l'échelle européenne, car c'est à cette échelle-là que nous avons construit nos libertés et nos protections. »

Outre l'absurdité totale de la chute, on comprend donc que notre *caudillo* était bien le seul, parmi les dirigeants de l'UE, à croire en l'inutilité d'une quarantaine nationale. Son européisme fanatique vint s'écraser sur le pragmatisme de ses homologues, soucieux d'abord, eux, de la sécurité sanitaire de leurs concitoyens. Tout en demandant aux Français de respecter les fameux gestes barrières et de bien se laver les mains, il ne semblait pas prendre la mesure du péril. Le confinement *a minima* qu'il instaurait ne pouvait aucunement brider l'expansion de la maladie. Dans son crâne – loin d'être aussi bien fait qu'on le dit – l'idéologie le disputait à la désinvolture. Peut-être pensait-il pouvoir profiter de la crise ; dotée du « meilleur système de santé au monde », la France, estimait-il, s'en tirerait mieux que ses voisins. Le 10 mars, son obscur secrétaire d'État auprès du ministre de l'Économie et des Finances, la dirigeante d'entreprise Agnès Pannier-Runacher, affirmait sans honte que c'était « plutôt le bon moment de faire des bonnes affaires en bourse[1] ». Le lendemain, partout dans le monde, les bourses s'effondraient plus méchamment encore que lors de la crise des *subprimes* de 2008. Le 16 mars, le directeur général de l'OMS lançait à l'attention de tous les gouvernements : « Nous avons un message simple pour tous les pays : testez, testez, testez. Testez tous les cas suspects.[2] » La France comptabilise alors cent-quarante-huit morts de la Covid-19.

Emmanuel Macron aime à jouer au père de la nation – le hic, c'est qu'il n'y a plus ni père ni nation, et que cette disparition est le fait de l'idéologie qu'il sert avec une remarquable ferveur. Aussi, le 16 mars au soir, il revient parler aux Français. Comme prévu, LREM venait de prendre une grosse claque au premier tour des municipales et le virus se propageait de façon exponentielle – quatre-mille cas de plus entre le 12 et le 16 mars. L'adresse du 16 mars dépasse en emphase celle du 12 ; à six reprises, pas moins, le vrai-faux ancien secrétaire de Paul Ricœur dit : « Nous sommes en guerre. » Soudain, ce n'était plus un homme qui parlait mais un général en chef, Charles de Gaulle en juin 1940, Napoléon au commencement de la campagne de France ; c'était tout juste s'il ne demandait pas à chacun de prendre son Chassepot et de se diriger vers la caserne la plus proche avant le départ au front. Le ridicule de ce vocabulaire

1. https://www.lefigaro.fr/politique/pour-agnes-pannier-runacher-c-est-le-moment-d-investir-en-bourse-20200310

2. https://www.who.int/fr/dg/speeches/detail/who-director-general-s-opening-remarks-at-the-media-briefing-on-covid-19---16-march-2020

guerrier ne frappa pas les journalistes, qui ont pour habitude de galvauder tous les mots ; au contraire, les commentateurs officiels ont salué la gravité de ce discours, qui annonçait le début du confinement de tout le territoire à compter du 17 mars, et ce pour une durée de quinze jours au moins. Sauf impérieuse nécessité, tous les déplacements étaient interdits ; le second tour des municipales était reporté ; un service de garde pour les enfants du personnel soignant était mis en place ; à défaut de celles de la France, les frontières de l'espace Schengen étaient fermées ; les ressortissants français présents à l'étranger devraient rentrer dans la mère patrie, quitte à organiser pour ce faire des rapatriements. En somme, ce qui était excessif voire absurde, quelques jours plus tôt devenait tout à coup pertinent. Au rythme où l'épidémie progresse dans tout le pays, les hôpitaux vont bientôt être saturés ; bien sûr, Emmanuel Macron le sait et c'est pourquoi il finit par céder. Le grand confinement de mars à mai 2020 était l'unique outil à disposition du pouvoir dès lors qu'il ne pouvait compter sur des masques et des tests en quantité suffisante. Le pire, c'est que durant ces longues semaines, ce même pouvoir a nié effrontément ces manques ; Sibeth Ndiaye qui, du temps où elle était la responsable de la communication du candidat de LREM à la présidence de la République, disait être prête à « mentir pour le protéger », affirmait crânement qu'il était de toute façon inutile de porter un masque lorsque l'on n'était pas malade. Du reste, elle n'est pas médecin, et l'on ne saisit toujours pas aujourd'hui comment des virologues, des pneumologues ont pu affirmer la même chose en mars. Il paraissait logique à n'importe qui qu'un virus qui s'attaquait aux voies respiratoires n'apprécierait pas d'être confiné dans celles d'un malade ou d'être en partie bloqué par l'épais tissu accroché au visage d'un bien portant. Ce n'est d'ailleurs pas la seule bêtise proférée au début de l'épidémie par des spécialistes, en particulier ceux qui passent plus de temps sur les plateaux de télévision que dans leurs cabinets. Le 25 janvier, le très médiatique président de l'association des urgentistes de France, Patrick Pelloux, demandait par exemple « d'arrêter l'hystérie collective » et prétendait que l'épidémie était « sous contrôle[1] ». L'inénarrable Michel Cymes, le médecin préféré des vieilles dames, grassement payé avec les impôts des Français pour faire des blagues graveleuses en *prime time* sur France 2, s'agaçait lui aussi contre ce qui n'était rien de plus à ses yeux qu'une « grosse grippe ». Et en vérité, ils étaient nombreux, les experts autrement qualifiés que ces deux praticiens à mi-temps qui relativisaient la dimension de la pandémie en cours. Il y a beaucoup à dire sur le principe de précaution, son fondement antiscientifique et conservateur au sens le plus étriqué du terme ; on peut tout de même s'étonner que ceux qui, habituellement, le défendent avec le plus de violence ne l'aient pas fait ici. On voit ce que l'on croit, dit-on. En France, le corps médical dans son ensemble penche à droite, la droite molle ; il est libéral, conviction qui se manifeste notamment par son refus de plus en plus fréquent, et à la source des déserts médicaux, d'exercer en dehors des villes ; en 2017, l'institut Stethos avançait que moins d'un médecin sur

1. https://www.ouest-france.fr/sante/coronavirus-arretons-l-hysterie-collective-les-urgentistes-francais-se-veulent-rassurants-6706659

dix voterait pour Marine Le Pen quand les neuf autres se répartiraient entre François Fillon et Emmanuel Macron. Comme ce dernier, les généralistes ont très probablement eu du mal à renier leurs principes face à un virus qui les obligeait à le faire pour sauver des vies. Encore, puisque dès la fin du mois de janvier *Science* et *The Lancet* expliquaient ce que le SARS-CoV-2 avait d'original et prescrivaient des mesures très fermes afin de le combattre, on doit se demander si le corps médical français les lit. Quand on discute avec de jeunes médecins, on est souvent surpris par leur évident manque de curiosité intellectuelle et – mais les deux phénomènes sont liés – leur adhésion pavlovienne à l'esprit du temps.

Ainsi commença, pour soixante-sept millions de Français, une aventure collective inédite. Du jour au lendemain, nous fûmes cloîtrés chez nous ; même pour simplement aller faire nos courses, nous devions être munis d'une attestation. Dans son allocution pathétique du 16 mars, Emmanuel Macron n'avait pas osé prononcer le mot confinement ; il avait laissé son homme des basses œuvres, Christophe Castaner, le faire et en expliquer les modalités. Comme je l'ai dit, faute de masques et de tests, le confinement était inéluctable, sauf à voir se produire en France des scènes pires que celles qui avaient lieu dans les hôpitaux italiens, où des vieillards agonisaient dans les couloirs. Mais, comme nous ne sommes – Dieu merci – pas un peuple excessivement discipliné et que, par ailleurs, notre État consacre 13 % de son budget à la santé, ce qui constitue un record parmi les pays de l'OCDE, nous étions en droit de renâcler, de contester tant le fond que la forme. Or, cette absolue privation de liberté tombée comme ça, sans préavis, n'émut à peu près personne. Les *people*, jamais les derniers pour reprendre les mots d'ordre officiels, multiplièrent immédiatement les leçons de morale sur les réseaux sociaux ; et le pays réel, redoutant le virus et plus encore les gendarmes, ne moufta pas. Ce confinement – les *people* ne l'ont pas vu – était également injuste : si les *designers*, les *managers*, les « free lanceurs », bref, l'électorat macroniste pouvait héroïquement rester chez lui, les caissières, les manutentionnaires, les ouvriers, les « équipiers » d'Amazon devaient, eux, continuer de travailler. Le 19 mars, sur LCI, Muriel Pénicaud, l'inénarrable ministre du Travail, grondait vertement le secteur du BTP : « Arrêter d'aller bosser, arrêter de faire vos chantiers, ça c'est du défaitisme.[1] » Il y avait donc ceux dont la santé comptait plus que « les réalités économiques » et les autres. Car s'ils ne rechignent jamais – parce qu'ils n'ont pas d'autre choix – à « *aller bosser* », les Français d'en bas auraient bien voulu que Muriel Pénicaud leur donne des masques, du gel hydroalcoolique, enfin, de quoi se protéger et protéger leurs familles. Dans la foulée de l'appel du 16 mars, les Parisiens assistèrent en tout cas à une scène étrange : l'exode d'une partie d'entre eux vers leurs résidences secondaires de province, à l'instar du couple d'artistes « engagés » Marion Cotillard et Guillaume Canet rejoignant sa maison de campagne. Ce soir-là, dans les rues de mon quartier, c'était un ballet de valises à

1. https://www.capital.fr/entreprises-marches/les-professionnels-du-batiment-veulent-arreter-les-chantiers-letat-refuse-1365188

roulettes traînées avec une détermination farouche. On peut admettre que, vu la superficie moyenne des appartements parisiens, d'aucuns aient préféré aller vivre le confinement loin de Paris ; mais quand on sait que cet exil volontaire concerna près d'un quart des habitants de la ville, on devine aisément que certains confondirent confinement et vacances – ce que des fuyards reconnurent sans peine face aux journalistes qui les interrogèrent par la suite. Chez ceux qui allaient expérimenter la claustration, je sentais même, du moins au début, une sorte d'euphorie ; l'événement nourrirait leurs comptes Instagram ; ils se feraient prendre en photo au milieu des vaches et dans les rues mortes après 20 heures des préfectures de la France périphérique ; pour une fois, ils auraient quelque chose d'original à raconter en terrasse, ce haut lieu de la « résistance » au « terrorisme ». On a les guerres que l'on peut.

Au moment où les Français s'enferment, la Covid-19 y a déjà fait plus de cent-soixante-quinze morts. En Italie, ce chiffre monte à plus de trois-mille ; l'Espagne suit la même courbe affolante que sa sœur latine. Dans les trois pays, le confinement a été progressif ; nonobstant leurs déclarations, les gouvernements avaient toujours plusieurs coups de retard sur la maladie ; finalement, devant l'évidence de la propagation du virus, ils ont adopté des mesures de coercition inconnues en temps de paix. Bien sûr, durant cette période, le SRAS-CoV-2 a continué de voyager ; en cette seconde moitié du mois de mars, il va de pays en pays, sur tous les continents, et même dans les îles les plus reculées. C'est là la définition d'une pandémie. L'OMS, qui avait conscience de ce fait dès février, a pourtant attendu un mois avant de le reconnaître et de demander aux États d'agir en conséquence ; il convient donc d'examiner pourquoi l'organisation en charge de la sécurité sanitaire mondiale a tant tardé à user des compétences que la quasi-totalité des pays lui délègue par convention. Alors que le monde, extatique, regarde arriver le coronavirus, la Chine, elle, bombe à nouveau le torse ; fièrement, elle annonce avoir éteint sur son sol l'incendie parti de chez elle deux mois et demi plus tôt et se permet même de donner des conseils à ceux qui en découvrent la violence. En somme, le pyromane joue au pompier ; il le fait avec un tel toupet que personne, sinon les États-Unis, n'ose le mettre face à ses responsabilités. Ce virus, il faut le rappeler à la Chine et à ses affidés, a une origine mais aussi une histoire. Cette dernière est trouble et débute à Wuhan.

II.
P4

« La Chine mérite notre gratitude et notre respect »,
Tedros Adhanom Ghebreyesus

D'abord, il y a la magie des algorithmes. En novembre 2019, lors d'une de ces virées nocturnes sur YouTube auxquelles l'esprit intranquille cède sous l'effet d'un mélange de torpeur et de mélancolie, j'avais fait la connaissance du pangolin. Sorte de croisement entre un tatou et un oryctérope, ce petit mammifère, lorsqu'il se déplace sur ses pattes arrière, ressemble à un dinosaure – ce qui touche une corde sensible chez tous ceux qui, comme moi, ont vu, émerveillés, *Jurassic Park* au cinéma en compagnie de leurs parents. On trouve le pangolin dans les régions tropicales et équatoriales d'Afrique et d'Asie du Sud-Est – son nom lui vient du malais *pengguling*, qui signifie « enrouleur ». Je m'étais pris d'affection pour cet étrange animal, d'autant plus que, en même temps que j'apprenais son existence, je lisais qu'il faisait partie des espèces menacées. La faute en revient aux Chinois. Leur fameuse médecine traditionnelle prétend que sa chair soigne les rhumatismes, que son sang facilite la circulation sanguine et que sa bile améliore la vue et l'humeur. Par conséquent, la sous-espèce du pangolin de Chine est déjà presque éteinte. Et la demande est si forte que, quoique protégés par la Convention de Washington de 1973, les pangolins sont férocement braconnés, à un point tel qu'ils risquent à moyen terme de disparaître purement et simplement. En Afrique, où la puissance chinoise est en passe de se substituer à l'influence des anciennes puissances coloniales, les autorités ferment les yeux. Chaque année, les douanes du monde entier mettent la main sur des tonnes d'écailles en transit vers la Chine et les pays où prospèrent de grosses communautés chinoises. Très à la mode en Occident où elle s'intègre bien aux délires *New Age* repris de nos jours par le développement personnel, la médecine traditionnelle chinoise est d'abord une formidable machine à détruire des animaux. Par ailleurs, quand on la creuse, on tombe presque toujours sur la virilité, qu'elle est censée fortifier. On peut donc en conclure que la taille du sexe des Chinois, thème autrefois populaire parmi les blagues racistes, est bel et bien un objet d'inquiétude pour ces derniers. Et ce n'est pas verser dans l'ethnocentrisme que de trouver un tantinet absurde cette conception de la médecine.

Bien entendu, j'évoque la triste histoire du pangolin parce que, selon une théorie émise rapidement après l'apparition du SRAS-CoV-2 par des virologues, c'est lui qui aurait permis la transmission du coronavirus de la chauve-souris à l'homme[1]. Pour qualifier ce phénomène,

1. https://www.euronews.com/2020/02/21/covid-19-latest-korea-confirms-204-cases-of-coronavirus-after-church-outbreak

on parle d'espèce réservoir. Tous ceux qui ont vu des films mettant en scène une épidémie, à l'instar du déjà cité *Alerte* et son petit singe, savent de quoi il s'agit. Pour faire simple, un agent pathogène propre à une espèce a parfois besoin, pour passer à une autre, d'une espèce intermédiaire. Dans le cas qui nous intéresse, cet intercesseur serait donc le pangolin. Cette théorie ne venait pas de nulle part ; des chercheurs chinois avaient mis depuis longtemps en évidence la perméabilité du pangolin aux coronavirus ; dans les cadavres saisis par les douanes, on en trouvait souvent – constat qui pousse d'ailleurs à se demander pourquoi les autorités chinoises n'ont pas interdit sa consommation depuis longtemps. Le 7 février, s'appuyant sur le séquençage du nouveau virus et les travaux de l'université d'agriculture de Chine du Sud, l'agence de presse Xinhua, contrôlée par le Parti communiste chinois (PCC), annonçait que le SRAS-CoV-2 était comparable à 99 % aux coronavirus trouvés sur les pangolins[1]. Dès lors, la thèse selon laquelle la propagation de la Covid-19 aurait débuté sur un marché de Wuhan était renforcée. En janvier, nous avons tous pu voir, dans des reportages aussi courts qu'édifiants, certains stands du marché en question, où des animaux sauvages, recroquevillés dans des cages, attendaient leur mise à mort pour le plus grand contentement des amoureux de gibier. La perpétuation, dans la Chine d'aujourd'hui, qui se veut moderne et a de bonnes raisons de croire qu'elle l'est, de marchés du genre de celui de Wuhan, qui proposent notamment à leurs clients des

1. https://www.lemonde.fr/planete/article/2020/02/07/le-pangolin-a-t-il-pu-servir-d-hote-intermediaire-au-coronavirus-2019-ncov_6028801_3244.html

louveteaux et des pangolins vivants, est problématique ; elle facilite la diffusion des zoonoses dans la population.

Pour nous autres Occidentaux, les zoonoses sont une vieille histoire, qui nous ramène au collège et nos cours sur Louis Pasteur. Nous pensons instantanément à la rage et au vaccin inventé par le grand homme. Dans la France de la fin du XIXe siècle, il était toujours possible de mourir à la suite d'une morsure de chien errant. Ce virus, qui continuait de tuer dans un pays encore très rural, avait été vaincu par le génie d'un scientifique d'autant plus passionnant – mais ça, nos professeurs ne nous le disaient pas – que son positivisme n'excluait pas Dieu. Depuis lors, grâce aux progrès de l'hygiène, à l'évolution de nos pratiques alimentaires, mais aussi à l'exode rural qui a progressivement vidé les campagnes, nous avons oublié – et tant mieux – l'existence des zoonoses, maladies infectieuses des animaux vertébrés transmissibles à l'homme. Ce n'est pas le cas de tous les pays, y compris la Chine conquérante de 2020. D'ailleurs, on pourrait parler plus généralement de longue tradition pandémique chinoise ; en effet, de la Peste noire du milieu du XIVe siècle à la grippe dite improprement espagnole de l'immédiat après Première Guerre mondiale, la moitié des douze pandémies que le monde a connues serait née en Chine. Les caricatures ne sont pas l'envers mais une exagération de la vérité. Dans son magistral essai *Richesse et pauvreté des nations*[1], l'historien américain David S. Landes aborde ce point en aparté ; citant plusieurs études, il raconte comment, au début du XXe siècle, la majorité de la population chinoise était infestée de

1. *Richesse et pauvreté des nations*, David S. Landes, Albin Michel, 2000.

parasites et germes en tous genres ; l'habitude de déféquer dans les cours d'eau, de jeter ses ordures n'importe où, de cracher dans la rue et, plus prosaïquement, la très forte densité de population au sein du pays-continent expliquent la mauvaise santé globale des Chinois de cette époque ainsi que la régulière éclosion de virus et leur rapide propagation. Un siècle plus tard, la situation s'est formidablement améliorée. Mais quiconque aura visité la Chine en dehors de ses métropoles « connectées » ou fréquenté les quartiers chinois de nos capitales aura pu constater que les standards occidentaux en matière d'hygiène n'ont pas encore été parfaitement assimilés par ceux qui forment rien moins qu'un cinquième de la population mondiale.

La renaissance de la Chine ces trente dernières années fascine et continuera longtemps de fasciner les historiens. C'est le temps qu'il lui aura fallu pour accomplir une révolution industrielle plus spectaculaire encore que celle des pays occidentaux au XIXe siècle. Selon le Fonds monétaire international, son PIB était, en 2018, très nettement supérieur à celui des États-Unis – en augmentation de 100 % en moins de dix ans, passant de douze-mille à vingt-cinq-mille milliards durant la décennie 2010. Lorsque j'étais enfant, au début des années 90, la Chine était décrite comme une immense usine où des hordes d'esclaves fabriquaient à la chaîne des produits de mauvaise qualité. Des experts en tweed affirmaient qu'il faudrait au moins cent ans à la Chine pour concurrencer l'Occident sur le terrain des biens à haute valeur ajoutée. Or, aujourd'hui, l'entreprise Huawei, fondée en 1987 seulement, est celle qui dépose le plus de brevets dans le secteur des Technologies de l'information et de la communication (TIC) ; fondée en 1998, Sinopec est le plus gros groupe pétrolier et chimique mondial ; les trois premiers groupes bancaires, les trois premiers fabricants d'électroménagers, les quatre premiers groupes de BTP mondiaux sont chinois. La Chine sait faire des centrales nucléaires, lance tous les deux ans un nouveau sous-marin, et elle viendra bientôt s'immiscer entre Airbus et Boeing dans la bataille de l'aéronautique. La manière avec laquelle les élites chinoises ont mené cette incroyable révolution économique mérite bien des éloges. Du reste, il convient de rappeler que l'élévation de la Chine s'est faite sur le dos des Occidentaux ou plutôt des classes populaires occidentales. Souvenons-nous de nos ministres qui, tout sourire, flanqués des patrons de nos grandes entreprises, s'en allaient au début des années 2000 négocier à Pékin la vente de dizaines d'avions, de centrales, l'installation d'usines dans les villes franches que le PCC créait alors dans tout le pays. Ce que les médias et les experts, enthousiasmés par le montant des commandes, ne disaient pas ou pas assez, c'est que, malins, les dirigeants chinois ne dépensaient pas leurs milliards uniquement pour les biens en question ; ils exigeaient en sus les plans et les ingénieurs pour apprendre à les fabriquer eux-mêmes. Ainsi avons-nous favorisé le rattrapage technologique de la Chine. Et même si, désormais, nos firmes mondialisées trouvent des petites mains moins coûteuses au Vietnam, en Birmanie ou au Maghreb, leur production a été massivement délocalisée en Chine durant trente ans. Ce faisant, notre industrie a été liquidée et des millions d'ouvriers européens ont été invités à se « reconvertir » au nom de la liberté du commerce et du bien-être du consommateur. Les gains de cette politique, seuls les actionnaires de nos entreprises, les boursicoteurs du quotidien et les « citoyens du monde » les ont vus. En 2001, l'entrée tant désirée par les places boursières de la Chine à l'OMC a été un moment décisif ; dès lors, il n'y eut plus de frein aux transferts de capitaux vers le géant asiatique. La fabuleuse réussite chinoise n'aurait jamais été possible, du moins en un temps si court, sans la libre circulation des biens et des personnes qui fait office de religion pour nos dirigeants.

Mais cette Chine en passe de devenir la première puissance mondiale – ce à quoi elle aspire avec une ténacité aussi épatante qu'incompréhensible pour la plupart des Occidentaux – est aussi un grand réservoir à zoonoses. En fait, elle l'a toujours été. La conquête de son propre territoire, phénomène corrélatif à son prodigieux rebond industriel et agricole des dernières décennies, s'est faite au détriment du règne animal. Dans un excellent article, France Culture revenait le 10 mai sur les différentes pistes suivies par les traqueurs de la Covid-19[1]. Après l'épidémie de SRAS-CoV de 2002-2004, le PCC a mis en tête de ses programmes la recherche sur les coronavirus. Ces derniers, on le sait de manière certaine, ont pour hôte préféré les chauves-souris. Or, la Chine est le pays où l'on dénombre le plus d'espèces de chiroptères. Le séquençage du SRAS-CoV a permis aux virologues chinois de le comparer aux autres coronavirus présents chez les chauves-souris locales ; ils l'ont fait avec ferveur, bien aidés par l'OMS et des pays reconnus pour leur expertise en la matière, à l'instar de la France. Ainsi, dans

1. https://www.franceculture.fr/sciences/covid-19-sur-la-piste-de-lorigine-animale

leurs laboratoires, ils ont constitué au fil des années « de gigantesques bases de données de génomes de virus », écrit France Culture. Pour ce faire, concrètement, il s'agit d'aller capturer des chauves-souris dans les grottes où elles nichent, puis au risque de se faire mordre car la bête se défend toujours, de prélever sur celles-ci quelque bout de chair qui est ensuite analysé. Cette opération, répétée des milliers de fois, a donné à la Chine, en l'espace d'une quinzaine d'années, une idée beaucoup plus précise de l'incroyable diversité des coronavirus portés par ses chauves-souris. Elle en a fait aussi et surtout le leader dans l'étude des « virus à couronne ». Avant la crise du SRAS-CoV-2, ce statut lui était accordé par les virologues du monde entier, dont les instituts de recherche de rattachement tentaient frénétiquement de nouer des partenariats avec leurs homologues chinois. Aussi quand, en décembre 2019, le nouveau coronavirus a surgi, les chercheurs autochtones, mieux renseignés que tous les autres, ont comparé son génome avec ceux, nombreux, qu'ils avaient sous la main ; trois coronavirus, identifiés entre 2012 et 2015, ressemblaient beaucoup à celui qui nous occupe. Du reste, le virus de Wuhan est original, et c'est France Culture, pourtant pas connue pour son complotisme, qui le dit : « Ce qui est troublant, dans le cas du SRAS-CoV-2 découvert chez les humains depuis le début de l'épidémie, c'est qu'il ressemble à une chimère. C'est un peu comme si on avait mêlé un génome du virus découvert en 2013 chez la *Rhinolophus affinis* à une fraction d'un virus hébergé par des pangolins. » (Une chimère, en génétique, est un organisme formé de deux – ou plus – populations de cellules génétiquement distinctes.) Par ailleurs, s'ils sont très nombreux, notamment chez les chauves-souris, l'immense majorité des coronavirus est incapable de pénétrer les cellules humaines. La facilité avec laquelle le SRAS-CoV-2 le fait étonne donc les spécialistes, qui vont jusqu'à douter – contrairement aux Chinois – du rôle supposément joué par le pangolin dans la transformation du virus et son extension à l'espèce humaine. Or, si l'origine de la Covid-19 est douteuse, ne peut-on pas se demander si elle ne cache un scandale ?

Depuis le commencement de l'épidémie, la Chine fait en tout cas tout pour alimenter les interrogations de ceux qui ne se satisfont pas des communiqués officiels. Curieux de nature, j'ai tout lu sur le sujet, croisé toutes les sources ; travaillant au contact du pouvoir, j'ai pu obtenir des informations que le grand public n'est pas censé avoir ; j'ai interrogé des diplomates, des biologistes, des médecins, des politiques. Les pistes qui remontent au laboratoire P4 de Wuhan sont solides. En tout cas, entre quatre yeux, elles le sont pour ceux qui le nient farouchement en public.

Pour commencer, chacun aura pu apprécier l'extrême lenteur de l'OMS dans la gestion de cette pandémie. Un nouveau virus surgit au centre de la Chine ; il tue, beaucoup et à une vitesse ahurissante ; alors qu'on sait très tôt qu'il s'agit d'un coronavirus, donc un membre d'une catégorie redoutée parce que redoutable et dont les attributs conservent encore nombre de mystères, la réaction de l'organisation est minimale. À la suite des épidémies de SRAS-CoV de 2002-2004 et de MERS-CoV en 2012, elle surveille pourtant de très près les coronavirus. Son inaction est donc parfaitement illogique, sauf si l'on prend en compte l'influence que la Chine exerce sur elle. En vérité, cette emprise est de notoriété publique. Depuis la fin des années 2000, profitant du repli américain sur la scène internationale, Pékin essaie de dominer les instances de « la gouvernance mondiale » rêvée par nos élites. Cette stratégie est si fructueuse que la diplomatie française estime que la Chine a pris le pouvoir à l'ONU. Elle place en tout cas de plus en plus souvent des hommes à elle à la tête de certains organismes importants. C'est notamment le cas de l'OMS. Homme politique éthiopien, ancien ministre de la Santé de son pays, Tedros Adhanom Ghebreyesus a donc été élu directeur général de l'organisation en 2017. Il l'a été avec le soutien assumé de la Chine, qui voulait ainsi remercier l'Éthiopie où elle investit des milliards depuis dix ans dans le cadre de la nouvelle route de la soie[1], comme elle le fait d'ailleurs dans un nombre croissant de pays africains qui, à l'ONU, votent comme un seul homme ses résolutions – l'aide (très intéressée) au développement économique a pour contrepartie la soumission politique. Le directeur général de l'OMS sait à qui il doit son prestigieux poste[2]. Au regard de l'évolution de l'épidémie, tous les gouvernements du monde à l'exception d'un seul s'attendaient à ce que l'OMS déclare l'USPPI dès la mi-janvier ; il a fallu patienter quinze jours de plus avant que l'organisation, à rebours de ses habitudes, y cède. Que s'est-il passé durant la seconde moitié de janvier ?

1. https://www.enderi.fr/L-Ethiopie-aire-d-influence-privilegiee-de-la-Chine-en-Afrique_a500.html

2. Heureuse coïncidence, juste après l'élection de l'ancien marxiste Tedros Adhanom Ghebreyesus, la Chine versait à l'OMS vingt millions de dollars, soit près de la moitié de son actuelle contribution annuelle : https://www.who.int/fr/news-room/detail/21-08-2017-new-vision-and-strengthened-partnership-for-who-and-china

Très clairement, la Chine a fait pression sur son homme-lige. L'existence de plusieurs appels téléphoniques de Xi Jinping en personne n'a jamais été formellement démentie. Des cadres de l'OMS, sous couvert d'anonymat, ont raconté la farouche résistance de Tedros Adhanom Ghebreyesus à la déclaration de l'USPPI. Lui-même spécialiste des maladies infectieuses, il a également nié la transmission interhumaine alors même que tous les virologues, à l'exception notable des Chinois, étaient persuadés dès la première semaine de janvier que le nouveau coronavirus passait d'homme à homme – le 14 janvier, l'OMS l'affirmait d'ailleurs dans un message, lequel avait été écrit « uniquement pour faire plaisir à la Chine », d'après un membre de l'organisation. Pourquoi cette vigoureuse opposition ? Parce que Pékin ne voulait pas de la restriction des déplacements à laquelle la propagation du virus condamnait pourtant le monde dès cette époque – et qui, prise à ce moment-là, aurait forcément bridé la pandémie. Et alors que des journalistes étrangers étaient renvoyés de Chine et des lanceurs d'alerte chinois disparaissaient, ce bon Tedros Adhanom Ghebreyesus félicitait publiquement Pékin pour sa « transparence » depuis le début de la crise. Le 29 janvier, lors d'une conférence de presse lunaire tenue à Genève, il affirmait : « Les mesures fortes que la Chine a prises ne sont pas seulement bonnes pour la Chine, mais aussi pour le monde. » Pour ces prouesses, il ajoutait : « La Chine mérite notre gratitude et notre respect. » En interne, donc, cette ligne était très contestée ; l'enthousiasme du directeur général n'était pas du tout partagé par la plupart des cadres de l'OMS, notamment ceux du comité d'urgence du Règlement sanitaire international (RSI), qui poussaient au contraire en faveur de l'USPPI.

Un mois et demi passe encore entre l'USPPI et la reconnaissance par l'OMS du caractère pandémique de la Covid-19. Des experts rattachés à l'institution ont voulu parler, dire que le virus était bien plus virulent que ce que les autorités chinoises prétendaient, que le rejet de toute restriction des voyages et du commerce était stupide. Pékin le savait et a réitéré ses pressions sur le directeur général afin qu'il tienne ses collaborateurs. Le 30 janvier, Tedros Adhanom Ghebreyesus tenait une réunion secrète où il rappelait la ligne à suivre : surtout pas de frictions avec la Chine. Soulignons, et cela est en revanche su de tous, que Taïwan avait officiellement alerté l'OMS sur la gravité de l'épidémie dès le commencement, puisqu'elle fut le premier pays frappé par celle-ci en dehors de la Chine. Or, cependant qu'il mettait en œuvre des mesures très fermes pour juguler la maladie, le gouvernement de l'île ne reçut aucune réponse. Pour ne pas vexer Pékin, l'OMS refuse en effet de donner à Taïwan un statut d'observateur et ne travaille donc pas avec elle. Durant ces semaines décisives, l'organisation a en fait mis ses pas dans ceux de la superpuissance asiatique. Des rapports, qui établissaient la transmission interhumaine et recommandaient en conséquence l'arrêt des échanges touristiques et commerciaux, ont été retenus à Genève ; un climat délétère régnait dans les couloirs de l'OMS dont les experts, reconnus pour leur compétence, étaient à peu près les seuls à douter de la véhémence du SRAS-CoV-2. L'évolution du discours tenu par l'institution a suivi celle des autorités chinoises ; plutôt qu'une volonté de cacher, on constate à tout le moins un désir de ne pas mettre la Chine en porte-à-faux. Car que dit cette dernière en janvier et février ? Au tout début, que l'affaire n'est pas grave ; puis elle assure que le virus ne se transmet pas d'homme à homme ; elle revient ensuite sur cette affirmation mais rejette l'idée de fermer les frontières, allant jusqu'à jouer la carte de l'antiracisme pour justifier cette opposition ; enfin, tandis qu'elle confine Wuhan, elle admet la gravité de la situation et, cyniquement, commence à donner des conseils au monde entier. L'OMS a fait exactement la même chose, par l'entremise de son loquace directeur général. Les palinodies de Tedros Adhanom Ghebreyesus s'expliquent par son obéissance à son créancier ; elles ont discrédité l'organisation tout entière, alors même que, parmi les appendices de l'ONU, elle était l'un des rares à jouir d'une bonne réputation. Son attitude a surtout favorisé la progression de la Covid-19. Face à ces accusations, encore une fois à l'imitation de la Chine, elle se braque, nie, et exhibe les directives qu'elle a produites en mars. Sauf que ce qu'on lui reproche – en tout cas, moi je le fais –, ce n'est pas d'avoir agi à ce moment-là mais de ne l'avoir pas fait, ou de l'avoir fait mal, d'une manière contre-productive, les deux mois précédents. Comme un pigiste de *L'Obs*, elle objecte à présent à ses détracteurs le racisme dont son directeur général serait l'objet parce que noir, africain ; et l'Union africaine (UA) a cru bon de soutenir Tedros Adhanom Ghebreyesus contre les critiques des États-Unis en « victimisant » l'Éthiopien. La Chine, je l'ai dit, a également tenté de détourner l'attention de cette manière. Bien sûr, en Occident, les « vivrensemblistes » ont rapidement brodé sur ce thème ; après avoir interdit de parler de « virus chinois », expression qu'ils estimaient « stigmatisante », susceptible de provoquer rien moins que des pogroms, ils ont fait de la pandémie une fatalité que seule une intelligence collective, mondiale serait capable de combattre. Par conséquent, pour eux, Donald Trump est par exemple bien plus coupable que Xi Jinping. Avec cette cinquième colonne toujours prête à donner raison à l'Autre, la Chine peut espérer sortir paisiblement de la crise qu'elle a pourtant provoquée.

Si certains commentateurs ont voulu croire que l'événement allait réduire l'orgueil de la Chine et, mieux encore, prenant leurs désirs pour la réalité – ce qui est une définition possible du progressisme –, qu'elle se convertirait à la « transparence », il n'en est rien. Au contraire, depuis le premier jour, elle manifeste un nationalisme farouche. Imagine-t-on un autre pays, à part peut-être l'Iran ou la Biélorussie, refuser avec autant d'obstination que l'OMS vienne enquêter sur son sol ? C'est pourtant ce qu'a fait et continue de faire la Chine. La mission de l'OMS qui s'est rendue à Wuhan du 20 au 21 janvier était sévèrement encadrée par les autorités locales ; elle est repartie sans avoir pu investiguer vraiment. Parallèlement, tandis que les médias occidentaux s'extasiaient devant les moyens déployés par le Parti communiste chinois (PCC) pour combattre l'épidémie, et notamment la construction en quelques jours d'un immense hôpital, « connecté à la 5G », à Wuhan[1], les autorités chinoises mettaient

1. http://www.leparisien.fr/societe/coronavirus-la-chine-ouvre-son-hopital-montagne-du-dieu-du-feu-bati-en-10-jours-04-02-2020-8252214.php

en route leur énorme machine de propagande. Les écoliers chinois recevaient des livres, écrits eux aussi en un temps record, qui racontaient comment Xi Jinping était en train de « vaincre le virus » ; la télévision parlait du SRAS-CoV-2 comme d'un « virus américain » ; sur les réseaux sociaux chinois – Facebook et Twitter sont interdits dans le pays –, les messages mentionnant le « virus de Wuhan » étaient systématiquement supprimés. Comme dans une uchronie, le PCC essayait donc de réécrire en temps réel l'histoire de l'épidémie. Ses agences de presse abreuvaient les médias, en particulier les asiatiques, d'articles affirmant que la Covid-19 avait pour origine les Jeux mondiaux militaires qui s'étaient tenus dans la capitale du Hubei en octobre 2019 ; plus précisément, elles accusaient des soldats américains qui auraient donc importé le virus sur le sol chinois. Les services de renseignements occidentaux expliquaient à qui de droit que, sur les réseaux sociaux, de faux comptes créés par des petites mains au service du PCC diffusaient la thèse d'une épidémie venue de l'extérieur. En même temps, pour prouver sa bonne foi aux Chinois, les hommes de Xi Jinping coupaient des têtes dans la plus pure tradition communiste ; le 13 février, les dirigeants de Wuhan et de la province de Hubei étaient remplacés par des proches du président de la République populaire de Chine[1]. Par peur de subir à leur tour le courroux de Pékin, d'autres responsables locaux préférèrent alors ne plus signaler les nouveaux cas présents dans leurs provinces. Cette recherche de boucs émissaires permettait

1. https://www.challenges.fr/monde/le-parti-communiste-chinois-remplace-son-dirigeant-a-wuhan_698636

au gouvernement central de se laver les mains des erreurs commises au commencement de l'épidémie. Cet os, d'aucuns l'ont rongé avec un évident plaisir, trop contents qu'ils étaient de pouvoir dédouaner ainsi Xi Jinping, chef incontesté et brutal d'un pays dont ils convoitent le soutien ou, en Occident, qui les fascine au sens étymologique du terme.

Du reste, des Chinois eux-mêmes n'étaient pas convaincus par la sagacité de leur leader et de son gouvernement. C'était le cas de médecins et de journalistes, devenus des lanceurs d'alerte par la force des choses ou, dit autrement, du fait de la réaction des autorités à leurs épanchements publics. L'exemple le plus éloquent est sans doute celui d'Ai Fen, directrice du service des urgences de l'hôpital central de Wuhan. Confrontée dès la mi-décembre à des patients atteints d'une forme suspecte de pneumonie, elle fait remonter l'information tant à sa hiérarchie que sur une application mobile chinoise. Se souvenant du SRAS-CoV, elle s'inquiète immédiatement de la contagiosité de la maladie, estimant que le personnel soignant risque une nouvelle fois d'être contaminé ; au lieu de l'appuyer, les responsables de l'hôpital la réprimandent ; trop sûre d'elle, elle le raconte sur Internet et s'en offusque. Alors, elle disparaît, pendant trois mois. Le 13 avril, le *Midi Libre* écrit que le correspondant de France Télévisions dans la ville a pu lui parler[1] ; elle serait toujours en poste à l'hôpital central de Wuhan. Le silence d'Ain Fen n'a rien de volontaire ; on peut aisément imaginer que les

1. https://www.midilibre.fr/2020/04/13/coronavirus-la-lanceuse-dalerte-ai-fen-donne-des-nouvelles-en-video,8845098.php

autorités chinoises lui ont intimé l'ordre de se taire. Grâce à l'écho mondial de cette affaire, ces dernières ont été contraintes de la réhabiliter en donnant publiquement tort à la commission de contrôle de la discipline devant laquelle la police de Wuhan souhaitait la sanctionner[1]. D'autres dissidents n'ont pas eu cette chance. Li Wenliang, un ophtalmologue trentenaire travaillant lui aussi à l'hôpital central de Wuhan et qui avait relayé les craintes d'Ain Fen sur les réseaux sociaux, était pour sa part convaincu dès les premiers jours de janvier d'avoir affaire à un coronavirus. Il l'avait dit sur Internet. Instantanément, la police de Wuhan l'avait arrêté et menacé de poursuites judiciaires, sous prétexte qu'il « perturbait l'ordre social ». Courageux, il retournait soigner ses patients dans la foulée. Il n'y a pas besoin d'être complotiste ou sinophobe pour deviner les pressions qu'il a dû subir durant cette période. Le 12 janvier, malade, il est mis en quarantaine ; il décède le 6 février, laissant derrière lui une épouse et un enfant. L'OMS, qui vante à ce moment-là la remarquable « transparence » de la Chine dans la lutte contre la mystérieuse maladie, publie sur Twitter un bref message dans lequel elle se dit simplement « attristée par le décès du Dr Li Wenliang ». Ain Fen et Li Wenliang sont la partie émergée d'une dissidence que le PCC a combattue avec une fermeté féroce, du moins tant qu'il contestait opiniâtrement qu'il s'agissait d'autre chose que d'un nouveau genre de grippe. Mais il y a pire. L'avocat et journaliste Chen Qiushi, opposant

1. https://www.parismatch.com/Actu/International/Ai-Fen-medecin-lanceuse-l-alerte-de-Wuhan-aurait-mysterieusement-disparu-1680756

revendiqué au régime, qui avait couvert les manifestations de 2019 à Hong Kong, s'était rendu à Wuhan en janvier ; il y avait interrogé des habitants mais aussi le personnel de l'extraordinaire hôpital sorti de terre en quelques jours, révélant le criant manque de matériel dont ce dernier souffrait. Le 6 février, selon une vidéo postée sur YouTube par le *South China Morning Post*, il disparaît[1] ; il n'est pas réapparu depuis, à l'instar de Fang Bin et Li Zehua, deux autres journalistes très critiques des « formidables » mesures prises par le gouvernement chinois dans la province du Hubei. Depuis février, les trois hommes n'ont pas donné de nouvelles ; au mieux, on peut supposer qu'ils sont emprisonnés. Au temps de Facebook, il n'est pas aisé, pour les dictatures, de faire taire les opposants ; pourtant, la Chine n'a pas hésité à menacer voire éliminer les plus connus des siens ; on peut supposer qu'elle a pris moins de gants avec ceux qui ne jouissaient pas d'une telle notoriété ; selon un diplomate que j'ai pu interroger, certains bavards ne reverront plus jamais le jour. Ainsi les autorités chinoises ont-elles traité ceux qui s'inquiétaient à juste titre de la nature du SRAS-CoV-2 et de la manière avec laquelle leur gouvernement l'affrontait. Pourquoi celui-ci tenait tant à empêcher certains de ses concitoyens de parler ? Pourquoi la Chine, depuis le début, refuse que l'OMS vienne enquêter chez elle ? Est-ce que cette résistance aurait à voir avec le fameux laboratoire P4 de Wuhan ?

En 2003, alors que la Chine sort de la crise du SRAS-CoV, elle cherche à se doter de l'outil nécessaire à

1. https://www.youtube.com/watch?v=Iwpr55PZEJ8

l'étude des virus les plus dangereux, ceux pour lesquels il n'existe ni vaccin ni traitement, soit un laboratoire pour pathogènes de classe 4. Les autorités chinoises se tournent alors vers la France où Jacques Chirac vient d'être réélu et qui, comme un suppositoire calmant – pour reprendre une délicieuse expression de Drieu La Rochelle parlant du retour au pouvoir de Gaston Doumergue après le 6 février 1934 –, a nommé Jean-Pierre Raffarin à Matignon. On le sait peu, mais le rondouillard Poitevin est un sinophile exalté – depuis quelques années, il est rien moins qu'un VRP du régime de Pékin, commettant livres, tribunes et interventions médiatiques pour dire tout le bien qu'il pense de la Chine nouvelle. Lorsqu'il logeait rue de Varenne, donc, il a défendu ce projet qui n'allait pas du tout de soi. En effet, comme le raconte Antoine Izambard dans le récent *France-Chine, les liaisons dangereuses*[1], opus abondamment – et à raison – cité par la presse ces derniers mois, tant la DGSE que le renseignement militaire étaient beaucoup moins emballés par l'idée d'aider la Chine à se doter d'un P4. Parce qu'ils craignaient que le régime y développe des armes bactériologiques. Malgré ces réserves, l'affaire avance. Lors de la visite officielle que Jacques Chirac effectue dans le pays l'année suivante, le partenariat est scellé. Mais, au sommet de l'État français, d'aucuns résistent jusqu'au bout. Comme l'explique France Info dans un papier du 17 avril[2], des fonctionnaires étaient

1. *France-Chine, les liaisons dangereuses*, Antoine Izambard, Stock, 2019

2. https://www.francetvinfo.fr/sante/maladie/coronavirus/covid-19-enquete-sur-le-p4-de-wuhan-ce-laboratoire-en-partie-finance-par-la-france-ou-a-ete-identifie-le-virus_3920783.html

refroidis par le fait que la Chine n'avait pas voulu « préciser ce (qu'étaient) devenus les laboratoires mobiles de biologie P3 qui avaient été financés par le gouvernement Raffarin après l'épidémie de SRAS ». Aussi, dès le départ, les autorités chinoises ne jouent pas franc-jeu, et l'on pourrait se demander comment le projet a finalement pu voir le jour si l'on ne regardait pas quelle contrepartie le géant asiatique, alors bien lancé dans sa conversion au mondialisme, offrait à la France ou plutôt à ses multinationales. En effet, si tant de Français vivent dans la province du Hubei et à Wuhan en particulier, c'est parce que plusieurs grands groupes naviguant sous pavillon tricolore y sont installés. Pas moins de cent groupes, de Renault à Sanofi en passant par Accor et LVMH, sont implantés dans la région. Certains y prospéraient avant 2004, mais d'autres y sont arrivés dans les valises de Jacques Chirac. Il faudra cependant attendre 2008 avant qu'un comité de pilotage soit créé. Alain Mérieux, directeur du prestigieux institut lyonnais du même nom, en prendra la tête. Les travaux commencent deux ans plus tard, alors que Nicolas Sarkozy occupe l'Élysée. Entre 2004 et 2010, les discussions entre les deux parties n'étaient pas simples ; elles vont le demeurer durant la construction du laboratoire et après. Il avait été décidé, par exemple, que la construction serait faite par des entreprises françaises ; les Chinois reviennent sur cette partie de l'accord et imposent leurs propres entreprises, alors même que celles-ci ne maîtrisent pas complètement, du moins à cette époque, la technologie propre à un laboratoire de ce type, technologie qu'Antoine Izambard, interrogé par France Info, compare à celle « des sous-marins nucléaires français pour ce qui est de l'étanchéité de certaines pièces ». En vérité, tout, dans l'histoire de l'édification du P4 de Wuhan, est du même acabit ; les Chinois exigent et ergotent en permanence, et ils le font tant qu'Alain Mérieux quitte ses fonctions en 2015 ; dès lors, la France perd le peu de contrôle qu'elle avait encore sur le projet. En 2017, enfin, le laboratoire est inauguré. Au crépuscule de la grotesque présidence de François Hollande, son Premier ministre Bernard Cazeneuve, promu à Matignon pour avoir si bien géré les dépôts de gerbes et de nounours en peluche après les attentats islamistes, se rend à Wuhan en compagnie de sa ministre de la Santé, Marisol Touraine. Pas rancunière et fêtant même cette aumône comme une victoire, cette dernière affirme alors qu'une cinquantaine de chercheurs français viendront travailler au P4 dans le cadre d'un programme de recherche commun. Lesdits chercheurs ne mettront jamais les pieds à l'institut de virologie de Wuhan. Les confettis balayés, les Chinois garderont pour eux et eux seulement le bel outil.

Beau, il ne l'était en fait pas tant que cela, à en croire le *Washington Post*. Le 14 avril, le grand journal centriste, exhumait des câbles de l'ambassade des États-Unis en Chine datés de janvier 2018. Selon les diplomates américains, dont des agents avaient pu visiter l'institut, les mesures de sécurité du P4 de Wuhan étaient insuffisantes. Dans ces télégrammes, l'ambassade dit notamment que le laboratoire « manque sérieusement de techniciens et d'enquêteurs correctement formés pour faire fonctionner en toute sécurité ce laboratoire de haute sécurité[1] ». Repris par le site l'Internaute, le *Washington Post* va plus loin : « Le premier câble, que nous avons pu obtenir, prévient également que les travaux du laboratoire sur les coronavirus de chauve-souris et leur transmission potentielle chez l'homme représentaient un risque de nouvelle pandémie de type SRAS[2]. » Bien sûr, dans sa légitime riposte à l'impudence chinoise, l'administration américaine a utilisé ces câbles diplomatiques, qui corroboraient du reste ce que des services de renseignements occidentaux disaient du fameux laboratoire. C'est d'ailleurs la raison pour laquelle – alors que certains médias voyaient dans cette allégation une énième théorie complotiste – les gouvernements britannique et français la prenaient au contraire au sérieux. Contrairement à Donald Trump, qui peut se le permettre et dont le tempérament le pousse à le faire, Emmanuel Macron et Boris Johnson ne le diront jamais publiquement, mais ils disposent eux aussi d'informations accusant le P4 de Wuhan de très graves négligences. Par ailleurs, selon le *Daily Mail*, des photos prises dans le laboratoire et qui montraient des joints d'étanchéité avachis et des techniciens manipulant des échantillons sans protections sérieuses auraient été supprimées du site de l'institut de virologie[3]. À la vue de ces images, en effet, on se dit que les normes de

1. https://www.lemonde.fr/international/article/2020/04/17/washington-paris-et-londres-s-inquietent-des-zones-d-ombre-de-pekin-sur-l-origine-du-virus_6036899_3210.html

2. https://www.linternaute.com/actualite/societe/2493619-origines-du-coronavirus-et-laboratoire-de-wuhan/2493773-washington-post-2-2

3. https://www.planet.fr/societe-coronavirus-des-photos-du-laboratoire-de-wuhan-ont-elles-ete-supprimees.1987570.29336.html

sécurité n'obsédaient pas la direction de l'établissement. Or, c'est sur les coronavirus des chauves-souris que les équipes du P4 travaillaient prioritairement depuis 2017. On a le droit de penser qu'il s'agit là d'une pure coïncidence ; les amis de la Chine ou du régime chinois dégainent immédiatement la *reductio ad conspiratio* quand on s'étonne de ce que le SRAS-CoV-2 apparaisse à quelques kilomètres d'un laboratoire spécialisé dans l'étude des coronavirus ; pour certains, qui ont de toute évidence plus peur des États-Unis que de la Chine et qui refusent obstinément le conflit, l'hypothèse d'un malheureux hasard est réconfortante.

Tous les virologues s'accordent sur un point : le SRAS-CoV-2 n'a pas pu être développé en laboratoire. C'est techniquement impossible. Aucune nation, pas même les États-Unis, ne serait en mesure de réaliser cette prouesse. Ce virus est trop complexe pour soutenir cette hypothèse, qui repousse les limites actuelles de la science. Dans leur P4, les chercheurs chinois ont peut-être essayé de produire des armes bactériologiques, mais la Covid-19 n'en est pas une. En revanche, dans cet institut qui possède des centaines d'échantillons de coronavirus glanés dans les grottes de tout le pays, le SRAS-CoV-2 pouvait fort bien être l'un d'entre eux. Un chercheur imprudent ou malhabile l'aurait libéré et aurait été contaminé. Il aurait ensuite propagé le virus dans la ville. Cela se serait produit début décembre voire plus tôt. On le sait, selon la théorie officielle à laquelle la Chine se sera accrochée jusqu'à la fin du mois de mai, la maladie serait née à la mi-décembre sur le marché de Wuhan. Fin mars, des journaux asiatiques pensaient avoir trouvé le « patient zéro », à savoir une commerçante de cinquante-sept ans[1]. Le SRAS-CoV-2, présent sur une des chauves-souris vendues sur place, aurait diffusé la maladie, probablement en mordant un acheteur ou en finissant dans son assiette. La course folle de la Covid-19 aura débuté ainsi. Le hic, on l'a appris plus tard, c'est qu'on ne trouve pas de chauves-souris au marché de Wuhan. Et parmi les tout premiers malades, la plupart n'avaient pas fréquenté l'endroit – celui-ci, où des marchands déjà malades travaillaient, aurait donc été un *cluster* plutôt que le berceau du virus. Mais, encore une fois, libre à chacun de croire en la version – décrétée dès le 31 décembre par les autorités chinoises – d'un virus apparu spontanément à un jet de pierre du plus grand dépôt de coronavirus au monde. Bernanos dit du hasard qu'il est le Dieu des imbéciles.

Il est pourtant prouvé que la Chine a pratiqué une censure féroce dès cette époque. Le 3 mars, le Citizen Lab de l'université de Toronto démontrait que, dans la dernière semaine de décembre, au moment même où la commission de la santé de la municipalité de Wuhan publiait son premier rapport sur la maladie, des mots-clés comme « pneumonie de Wuhan inconnue » ou « marché aux fruits de mer de Wuhan » étaient caviardés sur les réseaux sociaux du pays[2]. Et tandis que des médecins trop bavards et des journalistes trop curieux subissaient des interrogatoires virils, des policiers se promenaient dans les rédactions des journaux et certaines zones de Chine se voyaient tout bonnement

1. https://www.cnews.fr/monde/2020-03-30/coronavirus-le-patient-zero-enfin-identifie-en-chine-941705

2. https://citizenlab.ca/2020/03/censored-contagion-how-information-on-the-coronavirus-is-managed-on-chinese-social-media/

privées d'Internet. Après la matraque, le régime a pratiqué le flicage généralisé de la population ; en février, les Chinois étaient pistés grâce à leur téléphone et un code-barres personnel. L'individu qui s'était trouvé dans un lieu où un malade avait été identifié recevait sur son smartphone l'ordre de se rendre dans un centre afin d'être mis en quarantaine ; si le suspect rechignait, la police venait l'appréhender à son domicile. Certains de nos médias, étrangement séduits par ces pratiques dignes de *Minority Report*, les présentaient comme problématiques sur le plan des libertés, mais surtout très modernes. Ces rudes manières permettaient à la Chine de combattre efficacement le virus, nous disait-on, en reprenant les chiffres communiqués par le gouvernement chinois. Après une augmentation exponentielle, le nombre de cas avait rapidement baissé ; cet affaissement semblait confirmer la justesse des mesures prises par le PCC. Qui croit sérieusement à ces chiffres ? Des reporters français ont mis notamment en exergue l'affaire du funérarium de Wuchang, l'un des principaux de la ville de Wuhan ; alors que le pouvoir annonçait à cette date que la Covid-19 avait fait un peu plus de trois-mille victimes dans l'ensemble du pays, c'est pas moins de six-mille familles du district qui avaient été assurées de recevoir les cendres de leurs défunts... Des caméras ont filmé les interminables files d'attente devant d'autres funérariums de la région. En vérité, même s'ils se refusaient à les commenter, les gouvernements occidentaux ne se fiaient pas un seul instant aux chiffres donnés par la Chine. Des consultants travaillant pour l'administration britannique estimaient que le nombre réel de cas dans le pays d'origine du virus était trente voire quarante fois supérieur à ce qui était officiellement dit. Or, ce calcul ne traduisait pas seulement le drame en cours ; il était aussi un indispensable indice du niveau de contagiosité du SRAS-CoV-2 ; en mentant sur la réalité de cette dernière, la Chine entretenait l'idée que la Covid-19 n'était rien d'autre qu'une « grosse grippe ». Dès la troisième semaine de mars, l'Italie comptait plus de décès dus au virus que la Chine... Ainsi donc, on pourrait presque rire des statistiques chinoises si elles n'avaient pas rendu plus complexe la gestion de la crise dans les autres pays, et en Europe en particulier – car, à s'en tenir à elles, comment justifier le recours au confinement auprès de l'opinion publique européenne ? D'ailleurs, le décalage entre les chiffres fièrement affichés et la dureté des oukases du régime trahit une manipulation digne des meilleures dictatures. Pour comprendre les impétueuses réactions de Donald Trump, il faut savoir que la CIA l'avertissait en mars que le virus avait fait entre soixante-dix-mille et cinq-cent-mille victimes en Chine, en tout cas infiniment plus que ce que Xi Jinping prétendait avec une roguerie stupéfiante.

Dès la supposée stabilisation de la crise en Chine, celle-ci contre-attaqua. En même temps qu'elle niait être la responsable de la pandémie, elle affirmait prendre le contrôle de la lutte contre le virus à l'échelle mondiale. Sur les écrans de télévision, les chaînes nationales diffusaient les images de cargaisons de masques et respirateurs artificiels destinées à la planète entière. « Le monde est reconnaissant », jubilaient les voix off, cependant que l'épidémie gagnait du terrain partout en Europe. Nul doute que les cyniques ont admiré cette manœuvre ; alors qu'elle était logiquement accusée, la Chine est parvenue dans une large mesure à se faire passer pour une victime et, mieux encore, pour un sauveur. Cette outrecuidance lui venait aussi d'une réalité matérielle affligeante : la Chine, a-t-on appris à cette occasion, fabrique 80 % des masques disponibles sur le marché. C'est également chez elle que la plupart des composants nécessaires à la production des tests et des respirateurs artificiels sont produits. Et c'est encore en Chine que l'industrie pharmaceutique a la majorité de ses usines. En somme, quoiqu'ils aient pu penser de son comportement durant deux mois, les États désireux de protéger leur population n'avaient pas les moyens de la fâcher. Elle en était parfaitement consciente, et elle a profité de ce qu'elle était en position de force pour enjoindre ses clients à modérer leurs critiques. Il n'y a pas besoin de lire des télégrammes secrets pour comprendre que la tempérance des gouvernements occidentaux – même s'ils ne sont pas réputés pour leur hardiesse en temps normal – vis-à-vis de la Chine était guidée par leur dénuement. Ce n'était pas le moment de déplaire à un régime dont l'hubris aura finalement franchi un nouveau cap durant cette crise. Cela s'est vu non seulement dans sa prétention à fournir matériel et conseils à la plupart des pays touchés par la Covid-19, mais aussi dans l'arrogance tranquille de son personnel diplomatique, dans sa confrontation réassumée avec les États-Unis et dans la manière avec laquelle, alors même que le monde en fixait certains, elle s'est débarrassée de ses lanceurs d'alerte. Sous la conduite de Xi Jinping, premier leader chinois depuis Mao à se mettre autant en avant, dont le nom, privilège très rare, a intégré la constitution du pays[1], le PCC semble n'avoir plus de limites. En l'occurrence, il s'autorise même à maltraiter l'OMS, envers laquelle il est pourtant ô combien redevable. En effet, jusqu'à présent, Pékin a repoussé toutes les demandes de l'organisation de prendre part aux enquêtes sur les origines du SRAS-CoV-2. Dans le courant du mois d'avril, le Dr Gauden Galea, directeur de la Division des maladies non transmissibles et cycle de vie à l'OMS/Europe, reconnaissait platement : « Nous savons qu'une enquête nationale est en cours, mais à ce stade, nous n'avons pas été invités à y participer. » Aux suivantes non plus, donc. Or, pour trouver un traitement efficace voire un vaccin contre la Covid-19, il serait bon de déterminer son origine exacte, de savoir comment il a pu passer de l'animal à l'homme. Les autorités chinoises n'ont de toute évidence aucune envie que d'autres que leurs propres scientifiques enquêtent en profondeur. C'est là assurément une réaction digne d'elles, de leur conception de la souveraineté de la Chine, très respectable dans l'absolu mais très difficilement concevable ici. Nos sinophiles, très fervents ces derniers mois, se gardent en tout cas bien de commenter ce refus ainsi que la répression qui s'est abattue sur ceux qui ont osé montrer l'envers de la prétendue « remarquable » gestion de la crise sanitaire par le PCC. Même les journalistes habituellement obsédés par les droits de l'homme ont été comme hypnotisés par les robots nettoyant les rues, les drones scannant les promeneurs et les ouvriers bâtissant un hôpital en quelques jours.

1. https://www.challenges.fr/monde/chine-le-nom-de-xi-jinping-inscrit-dans-la-constitution-du-pcc_508439

Il n'est pas de meilleure censure que l'autocensure, parce que cette dernière, outre qu'elle ne laisse pas de traces, s'appuie sur une conviction. Dans le cas de la gestion de la Covid-19 par la Chine, on remarquera que la question des chiffres aura été traitée avec une inconséquence folle par certains de nos médias. La plupart, heureusement, les ont maniés avec « prudence », comme ils disaient poliment ; mais d'autres les agitaient à la face de leurs lecteurs sans les remettre en cause le moins du monde. Pourtant, ils savaient pour les funérariums de Wuhan ; ils voyaient les vidéos filmées dans les couloirs des hôpitaux de la région ou montrant des corps brûlés à même le sol dans les rues ; ils subissaient, eux d'habitude si prompts à dénoncer les entraves au sacro-saint « droit d'informer », les outrages des policiers locaux ; ils se souvenaient que, lors de l'épidémie de SRAS-CoV, les autorités cachaient littéralement aux agents de l'OMS les malades en baladant ces derniers dans des ambulances. Pour eux plus encore que pour n'importe qui, il était donc évident que les autorités chinoises voulaient les empêcher de voir la réalité de l'épidémie et, ce faisant, de comparer leurs évaluations aux chiffres officiels. Les plus têtus pouvaient en outre, du moins à compter de mars, opposer la courbe des cas en Chine à celle de l'Italie, de l'Espagne et de la France ; la première est proprement absurde, presque lisse sauf entre le 15 et le 17 février où elle grimpe subitement, alors que la seconde ressemble à un sismogramme. Nulle part ailleurs dans le monde, y compris à Taïwan, on ne trouve une courbe aussi aberrante que celle de la Chine. Même une armée de robots, de drones, le flicage et le dépistage généralisés de la population ne sauraient expliquer cette singularité ; nous tenons là la preuve la plus patente de l'imposture orchestrée par le pouvoir chinois ; les mathématiques ne mentent pas. Au même moment, les médias dans leur ensemble moquaient les chiffres donnés par l'Iran, durement frappé par le virus ; pour le coup, la duplicité du régime du Téhéran paraissait flagrante, et les commentateurs ne se privaient pas d'accabler les « mollahs ». Pourquoi ce qui valait pour la théocratie iranienne ne valait pas pour le régime chinois ? Pourquoi le meurtre de Bing Liu, un chercheur sino-américain vivant à Pittsburgh et qui travaillait justement sur le SRAS-CoV-2[1] n'a pas été davantage commenté dans les médias français ? Pourquoi, plus globalement, tous les légitimes reproches que l'on pouvait faire à la Chine sur son aphasie au commencement de la crise, sa rudesse ensuite, son insolence enfin ont été si peu partagés par certaines « vigies » de l'orbe libéral ? Parce que cela risquait de nourrir le complotisme. Dans une belle fulgurance, le Pr Didier Raoult – sur le cas duquel je reviendrai plus loin – devait définir les fausses informations comme « celles que les médias traditionnels ne relayent pas ». En effet, à la racine du concept de *fake news*, il y a la perte du monopole de l'information par les médias installés ; le surgissement d'Internet et, subséquemment, des réseaux sociaux a mortifié la corporation journalistique, qui se voyait d'un seul coup privée d'une part importante de son prestige intellectuel et social, et entraînée vers une inexorable paupérisation. En réaction à l'apparition du « citoyen-journaliste »

1. https://www.lefigaro.fr/flash-actu/etats-unis-un-chercheur-sur-le-coronavirus-d-origine-chinoise-tue-20200507

muni d'un smartphone, le métier s'est beaucoup interrogé – avec l'humilité qui le caractérise – sur le sens de son sacerdoce. La critique des médias par eux-mêmes est ainsi devenue une figure imposée pour tout journaliste qui se respecte. Il y a encore de cela quelques années, on ne comptait pas les émissions sur les médias, à l'instar d'*Arrêt sur images*, longtemps la meilleure d'entre elles malgré son vibrant gauchisme – aujourd'hui, on peut heureusement compter sur l'excellent Observatoire du journalisme (OJIM) pour rééquilibrer un tout petit peu la balance. Mais cette « catharsis », pour parler comme ses pratiquants, est presque toujours très superficielle ; elle peut remettre en cause des méthodes, contester la forme, jeter l'opprobre sur des individus, mais elle ne s'attaque jamais au fond du problème, celui qui discrédite la corporation journalistique tout entière aux yeux d'une large partie de l'opinion publique : le conformisme idéologique qui règne dans les médias. On « polémique », on « dérape » à l'aune d'une norme politique ou morale – politique et morale, en vérité, puisque le progressisme est justement l'introduction de la morale – qui dégénère aujourd'hui en sentimentalisme – dans la politique. Cette norme, qui la fixe ? Les médias. En vertu de quels principes ? Les leurs, qui sont progressistes, antiracistes, pro-migrants, transhumanistes, pro-LGBT, féministes, en un mot : libéraux. Aussi, très souvent, sont considérées comme des *fake news* les informations qui n'entrent pas dans le paradigme libéral. Or, les palimpsestes, les faux, les manipulations, les falsifications, la propagande ont toujours existé et existeront toujours. Depuis deux siècles que le journalisme prospère, il est l'un des principaux pourvoyeurs – avec les États – de fausses informations. Ces dernières, c'est incontestable, ont été multipliées par la récente prolifération des canaux d'informations couplée à la concurrence entre les titres dans le cadre d'un modèle économique en crise ou, plus précisément, totalement déficitaire. Dans le cas de la Covid-19, les médias *mainstream* ont passé sous silence nombre de « rumeurs »[1] parce que, les croire ou les creuser à tout le moins, les aurait forcément conduits à reconsidérer leur foi en un monde où les nations sont amies, où la coopération enivre tous les gouvernements, où le commerce instaure une paix totale entre les peuples. Contester les chiffres communiqués par la Chine, c'était en définitive douter de la bienveillance non pas d'un pays mais de femmes et d'hommes, « comme vous et moi », évidemment dévorés par le désir de créer un monde où, sous l'autorité d'un gouvernement planétaire tel que le rêvent Jacques Attali et les apôtres du « nomadisme », nous finirons tous par nous tenir par la main en chantant *Imagine*.

Le monde ne fonctionne pas comme les *designers* de Montreuil l'imaginent. En novembre 2019, Emmanuel Macron fait une visite officielle en Chine. À cette occasion, il demande à nouveau à Xi Jinping que des chercheurs français viennent assister leurs homologues chinois au P4 de Wuhan. Malgré son charme légendaire – selon *Gala* –, il n'obtient pas plus de succès que

1. Bing Liu, chercheur sino-américain travaillant sur la Covid-19 et bizarrement assassiné le 2 mai à Pittsburgh (Pennsylvanie) alors que, selon ses collègues de l'université de la ville, il était « sur le point de faire des découvertes très importantes pour comprendre les mécanismes cellulaires qui sous-tendent l'infection par le SRAS-CoV-2 ». Son assassin présumé, un autre sino-américain, a été retrouvé mort par la police.

François Hollande ; les Chinois repoussent une nouvelle fois catégoriquement cette idée. Ainsi, entre son inauguration en 2017 et l'avènement de la Covid-19, personne – en dehors des agents de l'ambassade des États-Unis – n'aura eu le loisir de visiter le célèbre laboratoire. Le 23 janvier 2020, tandis que Wuhan est confinée, le P4 est officiellement fermé. Pourtant, c'est à l'Institut de virologie que, mi-mars, un premier essai de vaccin est lancé. Il est vrai que le stock de coronavirus disponibles sur place facilite le travail des chercheurs chinois. On ne serait donc pas très surpris qu'ils trouvent avant leurs concurrents dans quelques mois.

Le comportement des autorités chinoises durant la totalité de la crise est révoltant. Après avoir tardé à informer l'OMS de l'apparition du virus, elles ont réprimé sans vergogne ceux qui, en Chine, bravement, tentaient de prévenir le monde, révélant ainsi la déloyauté du régime pour qui, en ce temps-là, le SRAS-CoV-2 n'était qu'une sorte de pneumonie. Les instances internationales, à commencer bien sûr par l'OMS, n'ont pas osé se frotter à la superpuissance ; Pékin récoltait ainsi les fruits du subtil impérialisme qu'elle pratique depuis vingt ans et dont la nouvelle route de la soie est le plus éloquent symbole. La passion avec laquelle elle s'est employée à cacher les travaux du P4 de Wuhan mais aussi, parallèlement, à défendre de fausses pistes dans la recherche de l'origine du virus oblige à soupçonner la Chine d'en savoir plus que ce qu'elle dit et d'être plus coupable que ce qu'elle prétend. Longtemps les géopolitologues ont répété que l'empire du Milieu n'aspirait pas à l'hégémonie, qu'il était déjà content de pouvoir commercer – et comment ! – à égalité avec le reste du monde ; en vérité, ce pronostic était condescendant et tenait surtout de la prophétie autoréalisatrice ; l'image d'une Chine rétive à la guerre, qui serait toujours demeurée dans son coin, n'aspirant pas à envahir ses voisins est un lieu commun que sa violente et riche histoire contredit – les Vietnamiens et les Coréens en savent quelque chose. Il paraît que le jeu de go est tout aussi raffiné que les échecs ; avec une patience et une résolution exceptionnelles, l'ancienne grande usine à copies de produits bas de gamme est en passe de devenir le centre du monde. Et la légitime fierté qu'elle en tire se mue aujourd'hui en vanité. Le fait que, d'un point de vue politique, cette attitude arrange les États-Unis ne change rien. La Chine doit rendre des comptes. Mais tous ceux qui, par principe, calcul ou faiblesse font comme si elle n'était pour presque rien dans cette désastreuse affaire devraient s'asseoir sur le même banc qu'elle.

III.
LA VAGUE

« Les personnes âgées étant parmi les plus vulnérables face à la maladie, l'idée répugnante que l'on pouvait les sacrifier a commencé à se répandre »,

Antonio Guterres

Pour les amoureux de littérature et de cinéma post-apocalyptiques, Paris à la fin du mois de mars était une merveille. D'habitude, en effet, il n'y a que dans des livres ou des films de ce genre que l'on peut traverser des rues absolument vides et, un peu angoissé, croiser d'autres hommes au visage caché par un masque. Au XXe siècle, les auteurs imaginaient le plus souvent que la force atomique, employée par des États en guerre, pourrait accoucher de ce résultat après avoir délesté la planète de la majorité de sa population. Livrés à eux-mêmes, les survivants se battraient chaque jour pour voir le suivant. Toute forme d'autorité aurait abdiqué devant les événements ou, au contraire, des bandes organisées régneraient sur des territoires pourvus de nouveaux noms. À défaut de nous avoir menés au chaos, la Covid-19 aura mis nos vies entre parenthèses. Durant près de deux mois, en France et dans la plupart des pays du monde, nous avons fait l'expérience d'un confinement sans précédent dans notre histoire. Le plus bizarre dans l'étrangeté de ce moment, c'est qu'elle a été plutôt bien acceptée par les peuples. La peur de mourir a engendré une obéissance étonnante venant d'individus qui, en temps normal, revendiquent sans cesse leur droit à la liberté la plus totale. Et, constamment nourrie par la communication des autorités, elle a raffermi ces dernières alors même qu'elles accumulaient les erreurs et les mensonges depuis le commencement.

Ainsi donc, du jour au lendemain, tout s'arrêta. Après la province du Hubei, Taïwan, d'autres pays d'Asie, l'Italie et l'Espagne, la France se plaçait à son tour et de son propre chef en quarantaine. L'économie, qu'il fallait encore « sauver » coûte que coûte la veille, ne comptait plus pour rien ; les salariés, partout, devaient « télétravailler » ou, s'ils ne le pouvaient pas, s'occuper avec Netflix ou en « retrouvant le sens de l'essentiel », comme l'avait dit Emmanuel Macron le 16 mars. Pour sortir, quitter nos appartements devenus tout à coup des geôles, du moins en France, il nous fallait une très bonne raison, un formulaire et prier pour ne pas tomber en chemin sur des policiers tatillons. Pour ma part, du fait de la nature de mon travail, j'eus la chance de pouvoir me balader à mon aise durant toute la période ; pendant une partie de celle-ci, je vis surtout à l'œuvre l'administration la plus proche du gouvernement, fonctionnaires dont la panique n'était guère rassurante. Car il faut le dire d'emblée : cette situation, si elle était grandement prévisible, a été gérée à peu près n'importe comment, en tout cas au début, par les chefs que la nation s'est données – via un système électoral indigne, certes. Mais bien d'autres pays ont connu eux aussi le confinement, les soirées devant *Narcos*, les pieds sur les LEGO qui traînent dans le salon et les regards inquiets des gens à la caisse des supermarchés. Le phénomène, c'est vrai, était mondial ; c'est aux quatre coins du monde que les populations cherchaient frénétiquement des masques, du gel hydroalcoolique, se lavaient les mains vingt fois par jour et toussaient dans leur coude. N'empêche, si cette mesure a été adoptée par nombre d'États, d'autres, y compris en Europe, sont parvenus à y échapper ; elle était un dernier recours, celui des faibles, de ceux qui ne pouvaient pas faire autrement s'ils voulaient éviter une véritable hécatombe. Hélas, la France faisait partie de ces nations fragiles ; et, comme toutes celles de ce groupe, elle allait prendre la vague de la Covid-19 de plein fouet.

C'était l'heure des projections, estimations, évaluations concoctées par des épidémiologistes très pessimistes dans l'ensemble. Les chiffres étaient effrayants. Le 16 mars, *Le Monde*, bien informé, évoquait « des modélisations confidentielles » selon lesquelles, « en l'absence de toute mesure de prévention ou d'endiguement », la Covid-19 risquait de faire entre trois-cent-mille et cinq-cent-mille morts en France[1]. Basées sur plusieurs facteurs, dont la contagiosité probable du virus – estimée alors à entre moins de 1 % et jusqu'à 4 %, avec une moyenne autour de 2 % –, ces modélisations prédisaient donc un carnage dans les pays qui ne se résoudraient pas à se

1. https://www.lemonde.fr/planete/article/2020/03/15/coronavirus-les-simulations-alarmantes-des-epidemiologistes-pour-la-france_6033149_3244.html

réorganiser pour faire face à la pandémie. Parmi les prestigieuses équipes à l'œuvre, celle de l'Imperial College de Londres n'était pas la moins inquiète. Le 30 mars, elle publiait dans *The Lancet* une grande étude[1] qui, brassant toutes les informations disponibles à cette date, estimait à au moins cinquante le pourcentage de malades asymptomatiques. Les Britanniques évaluaient en outre la létalité du virus en distinguant les cas confirmés (1,3 %) et les personnes infectées (0,6 %). Du reste, ce remarquable travail avait un défaut majeur : il s'appuyait largement sur des données chinoises. Toujours dans *The Lancet*[2], le 27 mars, une équipe de l'université de Singapour parle, pour sa cité-État, d'un taux de 0 à 3 % ; elle rappelle que cette même létalité est estimée à 9,5 % pour le SRAS-CoV, jusqu'à 35 % pour le MERS-CoV et moins de 1 % pour la grippe dite saisonnière. Il s'agit là de données publiques, publiées dans de grandes revues scientifiques et commentées tant par les médias que par les politiques ; ces derniers, du reste, en recevaient bien d'autres, privées voire clandestines, et qui allaient elles aussi dans le sens d'une contamination massive et funeste. On ne peut pas comprendre le recours au confinement sans avoir en tête qu'à la mi-mars, la plupart des épidémiologistes étudiant la Covid-19 pensaient qu'elle pourrait faire plusieurs dizaines de millions de morts à travers le globe.

On ne saura jamais si ces prévisions étaient exagérées ou non. Par bonheur, les victimes du virus furent beaucoup moins nombreuses. Et il est clair que la

1. https://www.thelancet.com/journals/laninf/article/PIIS1473-3099(20)30243-7/fulltext#%20

2. https://www.thelancet.com/journals/laninf/article/PIIS1473-3099(20)30244-9/fulltext#%20

distanciation la plus intégrale, à savoir le fait de réduire à presque rien les interactions sociales, a facilité l'endiguement du SRAS-CoV-2 jusqu'à sa quasi-disparition, du moins provisoirement. Mais, je l'ai dit, cette solution était un pis-aller ; d'autres pays, y compris certains voisins de la France, ont réussi à s'y soustraire. Pourtant ils ne disposaient pas, eux, du « meilleur système de santé au monde ». Comment ont-ils fait, sans Patrick Pelloux, Michel Cymes et Jérôme Salomon ? Peut-être faut-il regarder du côté des pouvoirs publics. Prenons le cas de l'Allemagne. Dès le 17 janvier, un laboratoire allemand, qui avait mis au point un test de dépistage et partagé son protocole sur le site Internet de l'OMS[1], se lançait dans la production en masse, après avoir reçu le feu vert du gouvernement d'Angela Merkel. Pour ce faire, il possédait tous les composants nécessaires : réactifs, écouvillons, etc. De sorte que, mi-février, l'Institut Robert-Koch, une agence gouvernementale, annonçait que près d'un million de tests avaient déjà été pratiqués à raison de cinquante-mille par jour. Ce tour de force avait été réalisé en obligeant une centaine de laboratoires à dédier leurs chaînes de production au fameux test et à lui seulement. En ce temps-là, l'OMS affirmait encore que le coronavirus était sous contrôle ; l'Allemagne avait sagement ignoré ces appels et décidé par elle-même, pour elle-même, en mettant immédiatement en branle son épatant réseau industriel. Cette résolution était le fruit d'une démarche empirique : pour juguler l'expansion du virus, le meilleur moyen était de savoir qui le portait

1. https://www.who.int/docs/default-source/coronaviruse/protocol-v2-1.pdf?sfvrsn=a9ef618c_2

et donc de dépister le plus largement possible. Il n'est pas nécessaire d'être épidémiologiste ou virologue pour saisir la pertinence de cette tactique. Au même moment, Emmanuel Macron répétait *Le Bourgeois Gentilhomme* devant sa glace, Édouard Philippe recevait les syndicats à Matignon et Agnès Buzyn se demandait si elle devait se faire couper les cheveux ou non avant de remplacer Benjamin Griveaux dans la « bataille » pour la mairie de Paris. On doit à Émile de Girardin, patron de presse du milieu du XIXe siècle, la célèbre formule : « Gouverner, c'est prévoir ». Le moins que l'on puisse dire, c'est que, confrontés à la menace de la Covid-19, nos gouvernants ont failli dans l'anticipation ; tandis que d'autres se donnaient les moyens de répondre au défi sanitaire, eux préféraient croire les complaintes de Tedros Adhanom Ghebreyesus. Se fier à l'OMS les arrangeait ; ils repoussaient de la sorte, qui plus est dans le contexte des élections municipales, la nécessité de prendre des décisions qui eussent contrarié le secteur privé en plus de mécontenter l'opinion ; l'autorité que la méthode allemande nécessitait leur faisait horreur par principe et par démagogie. Personne ne peut croire qu'Angela Merkel était mieux informée que ses homologues italiens, espagnols et français. Mais, si la rapidité avec laquelle l'Allemagne a fabriqué des tests n'est pas l'unique raison qui explique sa remarquable résistance au virus, ce fait prouve qu'il était – bien sûr – possible d'agir autrement et même d'éviter le confinement total et long auquel les trois pays latins furent soumis. D'ailleurs, en février, Taïwan l'avait dit qui s'en sortait très bien dans son « combat » contre l'épidémie : le meilleur moyen de stopper cette dernière n'était pas de confiner la population mais de conjuguer confinement, port du masque et dépistage.

1870, 1914, 1940... Après avoir atteint l'acmé de la puissance militaire sous Napoléon, la France a toujours une guerre de retard et celle proclamée contre la Covid-19 ne fait pas exception. D'aucuns se sont amusés à faire le parallèle entre les fanfaronnades du duo Salomon-Véran en mars et la bravade du général Le Bœuf qui, à la veille du stupide conflit contre la Prusse et ses alliés, prétendait que l'armée impériale ne manquait de rien, même pas d'« un bouton de guêtre ». En vérité, en 1870, nos courageux pioupious manquaient de tout, à commencer par une artillerie efficace et des chefs compétents ; les affreuses batailles de Metz et Sedan, conduites par des crétins, devaient le prouver. Un siècle et demi plus tard, c'est avec de simples masques, du gel hydroalcoolique et des tests que les régiments de soignants entraient en campagne. Enfin, ça, c'était sur le papier ou plutôt dans la bouche des Le Bœuf du ministère de la Santé. Car il y avait de la marge entre la réalité et la communication. Dès janvier, cependant que des médecins venaient « rassurer » l'opinion sur les plateaux télé, d'autres, infiniment plus nombreux, s'inquiétaient de la pénurie de tout. Non, disaient-ils, forts de ce qu'ils savaient sur la contagiosité du virus et l'état de l'hôpital public, la France ne serait pas en mesure d'affronter la vague de malades qui allait forcément submerger les services de réanimation. Cette crainte venue non pas de bureaux mais du « terrain » fut traitée avec un dédain inouï ; les commentateurs officiels reprochaient à leurs auteurs de surfer sur la peur, de jouer aux Cassandre et de nourrir ainsi le mouvement qui, depuis des mois, opposait le personnel des hôpitaux à un État bien décidé, lui, à continuer d'« équilibrer » les comptes de la Santé. Le débat sur ces derniers est complexe, et les revendications des soignants, à l'instar de celles des professeurs, sont pleines de non-dits ; mais la grève du personnel hospitalier méritait mieux que la fin de non-recevoir exprimée par Agnès Buzyn et, derrière elle, un pouvoir obsédé par les coupes budgétaires. Lorsque le virus arriva en France, nous en étions là, avec des soignants qui se sentaient méprisés par leur autorité de tutelle et une autorité de tutelle qui se demandait comment elle allait parvenir à contenter les comptables de Bercy et Bruxelles. Et certains observateurs, eux aussi convaincus que l'indéniable obésité de notre système de protection sociale devait subir un traitement de choc, donnaient raison à l'État contre ces bataillons d'infirmières qu'ils étaient pourtant bien contents de trouver, toujours allègres malgré des gardes éreintantes et des heures supplémentaires incalculables, quand ils se foulaient la cheville ou ressentaient une pointe au cœur à la terrasse d'un café un vendredi soir. Ici, il ne s'agissait que d'obtenir des masques en quantité afin de se protéger et, plus encore, d'empêcher que le virus passe d'un patient à un autre. Cette requête, pas excessivement politique, tombait dans l'oreille de sourds. En mars, le directeur général de la santé, Jérôme Salomon, n'avait-il pas répété que les stocks de masques étaient bien suffisants pour faire face à l'épreuve à venir ?

Le scandale des masques est très bien documenté. Dès le 22 mars, *The Conversation* et le lendemain, le site de la chaîne Public Sénat publiaient des enquêtes roboratives sur le sujet[1,2]. En 2010, à la suite de l'épidémie de grippe H1N1 qui avait fait craindre le pire l'année précédente, Roselyne Bachelot, ministre de la Santé de Nicolas Sarkozy, passait des commandes massives de masques. Aussi, au moment où l'excité de Neuilly-sur-Seine quittait le pouvoir, l'État disposait d'un milliard de masques chirurgicaux et six-cents millions de FFP2, bien plus protecteurs. Bachelot, qui s'est reconvertie dans les médias après une carrière politique où elle se sera surtout distinguée par la couleur de ses tailleurs, avait en outre acheté quatre-vingt-quatorze millions de doses de vaccin. La note ? Trois-cent-quatre-vingt-deux millions d'euros. Finalement, comme on le sait, la grippe H1N1 n'avait pas voyagé hors d'Asie ; tous les François de Closets de France, une calculatrice dans une main et leur avis d'imposition dans l'autre, s'étaient alors offusqués de ce « gaspillage ». En novembre 2010, la gaulliste rigolote cède sa place à Xavier Bertrand. En juillet 2011, dans une note, la DGS propose, je cite, « un lissage du renouvellement des stocks stratégiques », c'est-à-dire, en français, de laisser fondre lentement lesdits stocks. Moins d'un an plus tard, après la victoire de François Hollande à l'élection présidentielle, l'État a encore en réserve 1,4 milliard de masques, à en croire l'actuel président de la région des Hauts-de-France. En 2013, le secrétaire général de la défense et de la sécurité nationale (SGDSN), un certain Francis Delon, rend un avis sur la question : dorénavant, écrit-il, il

1. https://theconversation.com/la-france-en-penurie-de-masques-aux-origines-des-decisions-detat-134371

2. https://www.publicsenat.fr/article/politique/penurie-de-masques-une-responsabilite-partagee-par-les-gouvernements-successifs

conviendra à chaque employeur de fournir lui-même des masques à ses salariés. Dans le rapport qu'il signe en 2015, le sénateur de droite Francis Delattre raconte le changement de doctrine à l'œuvre, changement qui a pour unique fondement le désir de faire des économies et qui s'accélère sous Marisol Touraine. Taquinée par la presse en mars, cette dernière, demeurée en fonction durant les cinq années de cette présidence normale seulement pour les sadomasochistes, s'est défendue en affirmant qu'en 2017, son ministère disposait toujours de sept-cent-cinquante millions de masques chirurgicaux, ce qui représenterait tout de même une diminution de 50 %[1]. Trois ans plus tard, Olivier Véran évaluait à cent-dix-sept millions le stock d'État de masques, dont aucun FFP2[2]. D'un responsable à l'autre, les chiffres diffèrent ; chacun se renvoie la balle et accuse en creux son prédécesseur. Ce qui est certain, donc, c'est que le fameux stock stratégique constitué du temps de Bachelot n'a cessé de se dissoudre ces dix dernières années. Le plus cocasse, dans cette histoire, c'est que le conseiller en sécurité sanitaire de Marisol Touraine, celui qui a officialisé la nouvelle doctrine de l'État en la matière, c'est l'actuel directeur général de la santé, l'homme qui dénombrait les victimes chaque après-midi derrière un pupitre, le croque-mort de la République, Jérôme Salomon. Du temps où il travaillait au cabinet de Marisol Touraine, en compagnie notamment du beau-fils de celle-ci, Gabriel Attal, Salomon

1. https://www.huffingtonpost.fr/entry/touraine-defend-son-bilan-sur-les-stocks-de-masques-et-renvoie-la-balle-a-macron_fr_5e937bfdc5b617e5c926f941

2. https://www.lefigaro.fr/sciences/coronavirus-olivier-veran-s-explique-sur-les-masques-pour-mettre-fin-a-la-polemique-20200321

écrivait qu'en cas de crise sanitaire, de besoin rapide et massif de masques, l'État pourrait en commander. À qui ? Au seul pays capable de produire vite et beaucoup : la Chine. Et si jamais l'épidémie venait justement de Chine, comme la grippe H1N1 ou le SRAS-CoV ? Apparemment, personne n'y avait songé. Quoiqu'il en soit, c'est ainsi que le stock se réduisit comme peau de chagrin. Les masques se périment et, pour maintenir le niveau, il eût fallu commander ou produire. Notre État, par l'entremise de gouvernements différents uniquement les jours d'élection, a fait le choix inverse. Et au lieu d'assumer la pénurie, il se contorsionna afin de la cacher, allant jusqu'à prétendre longtemps et contre toute logique que les masques ne protégeaient en rien du virus.

Certes, la France n'était pas le seul pays à découvrir que ses chefs n'avaient même pas été capables de faire des réserves de bouts de tissu. En Italie, le personnel hospitalier en fut réduit à porter et à doter des malades de masques de plongée de la marque Décathlon[1]. L'Espagne, où les communautés autonomes géraient la distribution du matériel médical, faisait face au même problème[2], auquel s'ajoutait, comme en France et en Italie d'ailleurs, celui des gants, des blouses, des lunettes de protection. Combien de soignants ont été contaminés et combien sont morts simplement parce qu'ils ne disposaient pas des instruments de base nécessaires à la pratique de leur métier dans un contexte épidémique ?

1. https://www.lci.fr/sante/covid-19-coronavirus-pandemie-oui-des-masques-de-plongee-decathlon-servent-bien-de-respirateurs-en-italie-2148994.html

2. https://www.courrierinternational.com/article/pandemie-quatre-facteurs-qui-expliquent-le-tres-lourd-bilan-du-coronavirus-en-espagne

Combien de citoyens français, italiens, espagnols ont attrapé le virus dans la rue, dans les rayons d'un supermarché, dans les couloirs d'un hôpital, du métro ou d'une maison de retraite parce que leurs gouvernements respectifs ont été infoutus de fabriquer ou faire fabriquer un équipement de protection individuel qui coûte quelques centimes d'euros à l'unité ? Que la Mauritanie ou le Monténégro peinent à confectionner des millions de masques et de blouses, cela peut se comprendre ; que les deuxième, troisième et quatrième puissances économiques de l'Union européenne en soient dépourvues et, honte suprême, doivent en quémander au pays responsable de la crise, voilà qui fait pitié. Surtout la France, en vérité, car elle consacre rien moins que 11,3 % de son PIB au secteur de la santé[1], soit un point et demi de plus que la moyenne européenne. Ici comme ailleurs, et sans esprit polémique, on se demande où va l'argent. Quiconque aura eu le loisir de passer par l'hôpital public aura pu constater, en plus de l'incommensurable bonté du personnel soignant, l'état parfois pitoyable des locaux. Je disais que cette réalité et, plus généralement, celle d'une institution de toute évidence à bout de souffle était complexe ; elle ne saurait se réduire à un « manque de moyens », comme l'assènent les syndicats, et donc à de régulières injections de milliards d'euros. Si la santé n'a pas de prix, elle a un coût, et ce dernier augmente de façon exponentielle du fait du vieillissement de la population française, du perfectionnement de protocoles de soin qui emploient des outils de plus

1. https://www.ifrap.org/europe-et-international/depenses-de-sante-france-versus-allemagne

en plus chers, d'une dérive médicamenteuse à laquelle participe les jeunes médecins alors que les anciens se contentaient souvent de prescrire du paracétamol et de donner un tape sur l'épaule de leurs patients et, mais c'est là un tabou absolu, un « tourisme médical » qui fait de notre système de santé celui d'une bonne partie du tiers-monde[1] – le magistrat Charles Prats évalue à plusieurs dizaines de milliards d'euros le montant de la fraude à la carte Vitale[2], chiffre colossal et qui expliquerait largement la déconfiture de notre hôpital au moment où, parallèlement, les comptables se félicitent de ce que les Français fréquentent de moins en moins les professionnels de santé. Cette question est éminemment politique et même anthropologique ; tous les pays développés se la posent et la plupart d'entre eux y répondent en la déléguant au privé, créant ainsi une médecine à plusieurs vitesses. La gratuité de l'ensemble des soins, noble idéal que la France – du moins dans le discours de ses responsables – n'a pas abdiqué pèse considérablement sur ses finances, et ce poids va encore augmenter dans les décennies à venir ; elle ne pourra continuer très longtemps à esquiver une réflexion de fond sur ce sujet. Mais dans la crise qui nous intéresse, on parle simplement de masques, de gants, de gel, de tests, de choses élémentaires et que des pays bien moins riches que le nôtre ont pu

1. Instaurée par le gouvernement Jospin en 2000, l'Aide médicale d'État (AME), qui offre la gratuité des soins aux clandestins vivant sur le territoire français, n'a cessé par ailleurs de croître d'année en année. Elle dépasse aujourd'hui le milliard d'euros. Elle est l'une des nombreuses prestations sociales qui attirent tant d'immigrés dans notre pays même si, selon les immigrationnistes, c'est bien sûr pour la beauté de notre langue et de nos « valeurs » que les Érythréens et les Afghans nous rejoignent.

2. https://www.lefigaro.fr/social/le-magistrat-charles-prats-evoque-desormais-une-fraude-sociale-potentielle-de-30-milliards-d-euros-20200305

se procurer tandis qu'elles nous faisaient cruellement défaut. Cette carence est la conséquence de décisions politiques passées et présentes.

Les complots existent, les intérêts particuliers encore plus, et notre fausse démocratie est justement modelée par l'alliance de ces derniers qui s'oppose à l'intérêt général. Il y a bel et bien un système ; il a ses incarnations, une idéologie et il poursuit son propre agenda ; il domine de la manière la plus absolue le champ politique depuis cinquante ans. Du reste, on a tendance à sous-estimer l'influence de la médiocrité dans le cours des événements. En l'occurrence, plus que sournois, nos responsables ont d'abord été mauvais. Cette conviction me vient notamment de ce que je les ai vus au travail, de très près, au commencement de l'épidémie. Ils étaient perdus. Pourtant, ils savaient depuis janvier que le virus allait arriver en France ; ils avaient entre les mains des études qui expliquaient que l'extrême contagiosité de la Covid-19 mettrait au supplice notre système de santé ; ils pouvaient donc fermer les frontières, relancer des chaînes de production, réquisitionner des usines, préparer l'opinion publique à l'épreuve qui s'annonçait. Mais ils ne l'ont pas fait, moins par malice que par faiblesse, une faiblesse inouïe et qui a provoqué à coup sûr des milliers de morts supplémentaires. Fin mars, dans mon administration, le chaos le plus total régnait. Toute proportion gardée, il y avait quelque chose des pages déchirantes de *L'Étrange défaite*[1] dans ces bureaux déserts, ces conseillers qui

1. Dans lequel l'historien Marc Bloch raconte, dans un style étincelant, la déroute de l'armée française en mai-juin 1940.

erraient sans savoir que faire quand d'autres se faisaient carrément porter pâle, ces ministres hagards et hirsutes convoqués au petit matin pour participer à des réunions d'où, plus encore que d'habitude, il ne sortait rien sinon la date et l'heure de la réunion suivante. Telle directrice restait chez elle pour s'occuper de ses enfants ; tel directeur s'était réfugié dans le Vercors, non pas pour organiser un maquis mais parce qu'il eût été trop bête à ses yeux de ne pas profiter, à l'heure du confinement, d'une maison de famille loin de la capitale. Les abandons de poste étaient si nombreux que, dans les jours qui suivirent le discours de guerre d'Emmanuel Macron, un appel au volontariat fut lancé afin d'appâter, avec la promesse tacite de jouir plus tard de quelques privilèges, ceux qui étaient encore près de Paris. Les volontaires parcouraient ainsi les couloirs vides de nos splendides palais républicains, croisant parfois des capitaines qui couraient, hallucinés, vers des visioconférences ou leurs chauffeurs qui se demandaient ce qu'ils fichaient là. On peut facilement en déduire que dans les ministères, les administrations déconcentrées, les préfectures, c'était encore pire. Tout l'appareil d'État, durant ces journées, s'est désagrégé, saisi par la trouille, chacun comptant sur un hypothétique autre pour faire à sa place le travail pour lequel il était payé. Aussi, l'incohérence des mesures prises à la fin du mois de mars par l'exécutif trouve sa source non seulement dans la confusion de son chef mais aussi dans la désorganisation instantanée de tous les services chargés de gérer la crise. Quand, en octobre 2019, un salafiste antillais poignarda ses collègues à la préfecture de police de Paris, la plupart des policiers présents se mirent à décamper au lieu de tenter de l'abattre ; finalement, il fut dégommé dans la cour par un jeune gardien de la paix, après un rodéo meurtrier long de plusieurs minutes. L'incident, dans notre modèle de société, est considéré comme une anomalie ; nous manquons des ressources morales et physiques pour y faire face. L'épidémie de SRAS-CoV-2, décrite par le pouvoir peu ou prou comme une nouvelle peste bubonique pour justifier le confinement qu'il avait ordonné tout de go, alimenta une veulerie effarante de la base au sommet. Le « service de l'État », surtout chez les macronistes, cette armée mexicaine formée de rônins, d'arrivistes et de chevaux de retour n'est rien de plus qu'un syntagme. La communication – qui n'est jamais que l'autre nom de la propagande – de quelques-uns, obligés de parler du fait de leurs fonctions, avait pour principal objectif de faire croire que la grosse machine étatique fonctionnait normalement alors qu'elle tournait sinon à vide du moins, comme on dit dans le sabir administratif, « en mode dégradé ».

Et la vague arriva. Entre la fin du mois du mars et le début du mois d'avril, les hôpitaux se remplirent à un rythme affolant. Le 24 mars, Jérôme Salomon, bien cramponné à son pupitre, annonçait que le cap des mille morts venait d'être franchi[1]. Cependant, il ne s'agissait là que des décès enregistrés par les services hospitaliers ; pour l'heure, ceux qui mourraient chez eux et dans les maisons de retraite n'étaient pas comptés. La France disposait de cinq-mille lits de

1. https://www.bfmtv.com/sante/coronavirus-le-bilan-passe-a-1100-morts-et-22-300-cas-confirmes-en-france-1881677.html

réanimation, soit cinq fois moins que l'Allemagne[1]. Il était donc acquis que les capacités d'accueil des malades seraient rapidement dépassées. C'est pourquoi, en plus du confinement promulgué justement pour éviter la submersion des soins intensifs et la promesse d'une création de lits supplémentaires, le ministère de la Santé adopta une stratégie qu'on pourrait qualifier, sans exagérer, d'infâme. Aux généralistes, il était demandé de renvoyer tout bonnement chez eux, avec des boîtes de Doliprane, leurs patients qui ne présentaient pas de détresse respiratoire. Cela, plusieurs médecins me l'ont confirmé. Comme ils m'ont raconté les appels désespérés d'enfants de personnes âgées souffrantes, fiévreuses, incapables de faire deux pas, et qui, en composant le 15, s'entendaient répondre, quand quelqu'un décrochait, qu'il était impossible de prendre en charge ces malades de trop. Des milliers de Français sont morts ainsi, dans leurs chambres, parce que « le meilleur système de santé du monde » n'a pas pu leur trouver une place à l'hôpital. Dès le 19 mars, la présidente d'un syndicat d'anesthésistes confessait que ce tri avait lieu[2] dans la région Grand Est ; selon Olivier Véran, l'institution d'une « cellule éthique » – toujours cette fichue novlangue – devait rationnaliser la sélection entre ceux qui avaient le droit d'être soignés et ceux qui ne l'avaient pas. Par la suite, de nombreux praticiens hospitaliers dirent à mots couverts que

1. https://www.lefigaro.fr/international/coronavirus-en-allemagne-merkel-mise-sur-la-pedagogie-et-la-solidarite-20200318

2. https://www.francetvinfo.fr/sante/maladie/coronavirus/coronavirus-comment-sera-decide-le-tri-des-patients-admis-en-reanimation-si-les-hopitaux-arrivent-a-saturation_3873071.html

cette procédure, qu'on croyait réservée aux champs de bataille ou au tiers-monde, était bien pratiquée dans leurs services. On s'éloignait alors beaucoup du serment d'Hippocrate, même si personne ne doute que, lorsqu'ils durent dire non, c'est à contrecœur que la plupart des médecins le firent. Aujourd'hui, le ministère de la Santé nie l'existence d'un système organisé afin de réduire le nombre de patients trop âgés en soins intensifs. Or, le 15 mai, le (bien nommé) journaliste Dominique Vidal faisait mention d'une note dingue, datée du 19 mars, dans laquelle le ministère encadrait justement « l'admission en réanimation des personnes les plus fragiles[1] ». Le mot « tri » dérange ceux qui l'ont prôné et réalisé ; l'emploi pavlovien d'euphémismes ne modifie pas le réel ; les morts se fichent bien de l'être pour des raisons « éthiques ». Mais la Covid-19, voyageuse, fauchait également ailleurs, et notamment dans les maisons de retraite. Sachant que le virus s'en prenait prioritairement aux vieillards, un enfant de six ans aurait deviné que la contamination d'un seul résident pouvait entraîner celle de tout un EHPAD. Et c'est ce qui se produisit à divers endroits. Le 4 avril, à Dieuze en Moselle, treize « seniors » des Jardins de Saint-Jacques étaient déjà morts[2] ; le 16 avril, ce chiffre passait à vingt-et-un[3]. Repérés très tôt, avant même le début du confinement, les premiers

1. https://blogs.mediapart.fr/dominique-vidal/blog/150520/le-jour-ou-je-me-suis-senti-vieux

2. https://www.republicain-lorrain.fr/edition-sarrebourg-chateau-salins/2020/04/05/l-ehpad-saint-jacques-touche-de-plein-fouet-par-le-coronavirus

3. https://www.republicain-lorrain.fr/edition-sarrebourg-chateau-salins/2020/04/16/ehpad-le-bilan-passe-a-21-morts-mais-l-embellie-est-esperee

cas de Covid-19 au sein de l'établissement avaient provoqué son... confinement. Oui, aussi étrange que cela puisse paraître, pour juguler l'épidémie dans les maisons de retraite, la stratégie édictée par le gouvernement consistait, quand un malade était détecté, à enfermer tout le monde plutôt qu'à évacuer le valétudinaire ; et au lieu de tester l'ensemble des résidents, on se limitait à ceux qui présentaient des signes clairs d'infection – toux, fièvre, dyspnée. On en savait pourtant assez sur le coronavirus de Wuhan pour craindre que cette approche extrémiste fût contre-productive ; les léproseries d'autrefois protégeaient ceux du dehors mais condamnaient ceux du dedans. De sorte que l'on peut s'interroger sur les motivations de cette stratégie. Le secrétaire général de l'ONU, Antonio Guterres, a fort bien résumé la chose : « Les personnes âgées étant parmi les plus vulnérables face à la maladie, l'idée répugnante que l'on pouvait les sacrifier a commencé à se répandre. » Qui n'a pas senti, durant ces semaines à la fois tragiques et burlesques, que les « aînés » et leur faiblesse étaient un problème aux yeux des décideurs ? Aux Pays-Bas, pays de tradition protestante, l'État se demandait ouvertement s'il était « humain » de faire endurer à des octogénaires des traitements lourds ; après tout, ne seraient-ils pas morts – de mort naturelle – dans deux, cinq ou dix ans ? Les partisans de la « fin de vie » – un euphémisme pour dire euthanasie – ont dû se réjouir de ce questionnement qui répondait par ailleurs à une vérité matérielle : l'engorgement des services de réanimation. Pour le dire trivialement, dans la « guerre » contre la Covid-19, les vieux, ces êtres improductifs, ont été sacrifiés dans une large mesure. Et, du fait du confinement, leurs proches, leurs amis, leurs enfants n'ont même pas pu leur offrir des funérailles décentes. Si, aux Pays-Bas comme en France, nous avions disposé de plus de lits médicalisés, il en serait allé différemment.

La stratégie de chaque État était fonction de ses moyens à l'instant T. En Allemagne, on l'a dit, la précoce mise en route de la production de tests a permis au gouvernement d'Angela Merkel de dépister presque immodérément la population et, ainsi, de briser la propagation du virus. Certes, notre grand voisin a connu lui aussi les *clusters* et, à certains endroits, le confinement, mais ce dernier n'eut jamais la rigueur du nôtre. Des causes invisibles peuvent également expliquer que le virus était, en général, moins virulent dans les pays du nord ; la géographie, le climat, la densité de population pourraient éclairer cette différence, que le cas de la Grande-Bretagne contredit cependant ; il faut admettre que la Covid-19 a encore des secrets et qu'elle en gardera sans doute certains – aujourd'hui encore, plus de quinze ans après son très bref rodéo, les spécialistes ne savent pas tout du SRAS-CoV. En attendant, pour enrayer l'épidémie, le dépistage était évidemment l'outil le plus approprié. C'est ce que la Chine, la Corée du Sud, Taïwan avaient compris ; fin mars, au moins les deux derniers pays pouvaient annoncer – sans qu'on doute d'eux – qu'ils contrôlaient totalement la situation. Mais pour tester, bien sûr, encore fallait-il avoir des tests. En France, le gouvernement avait dit que les masques étaient inutiles quand il n'en avait pas ; il disait à présent que le dépistage n'était pas pertinent parce qu'il n'était pas en capacité de le pratiquer à grande échelle.

Si l'affaire des masques est un mélange d'incompétence et d'idéologie, celle des tests est une parfaite métaphore de la mondialisation. Là encore, on a su très tôt de quoi il en retournait. Le 25 mars, sur le site de France Bleu, on apprenait que « pour l'instant, les laboratoires français et les usines manquent de matériel. Aujourd'hui, on n'a pas assez de composants pour produire ces tests : les réactifs pour détecter le virus, les bâtonnets qui servent à introduire le réactif dans la narine du patient[1] ». Le « bâtonnet », c'est un écouvillon, une sorte de long coton-tige qui vient gratouiller les cavités nasales afin de recueillir des sécrétions ; le prélèvement est ensuite transmis au laboratoire et testé selon la méthode de la réaction en chaîne par polymérase (PCR en anglais) ; grâce à un réactif, on peut détecter le matériel génétique du virus dans l'échantillon. Voilà pour le principe, somme toute assez simple et qui ne requiert pas un équipement fastueux. Or, les réactifs utilisés pour la PCR étaient produits majoritairement aux États-Unis et en Chine ; il en allait de même des écouvillons, même si le leader de ce marché de niche était la société italienne Copan. Si le monde tournait comme le fantasment les progressistes, les deux superpuissances eussent partagé leur production ; non seulement elles n'en avaient pas l'intention mais, durant plusieurs semaines, ladite production fut très limitée puisqu'il n'y avait pas d'ouvriers pour faire fonctionner les usines. Cette pénurie, qui prêterait à rire – de simples cotons-tiges ! – si elle n'avait pas provoqué des morts, les gouvernements français,

1. https://www.francebleu.fr/infos/sante-sciences/depistage-du-coronavirus-pourquoi-ca-coince-en-france-1585121092

italiens, espagnols, belges la traversèrent avec un stoïcisme épatant ; après tout, pourquoi s'en seraient-ils inquiétés vu qu'ils avaient décrété que la PCR n'était bonne que pour les malades ? Le pire, c'est qu'il aurait pu en aller différemment en France sans le sombre génie de cette bureaucratie que même l'Union soviétique nous enviait en son temps. Un excellent papier de France Info revenait, le 21 mai, sur « la rigidité et les lenteurs de l'administration »[1]. Agences régionales de santé (ARS), préfectures, collectivités territoriales et établissements intercommunaux : durant cette période, chacun, avec des compétences parfois mouvantes ou contestées par d'autres, aura travaillé dans son coin, lentement, là où la coordination s'imposait, où l'autorité de l'État, à défaut, aurait dû s'abattre avec toute la rigueur qu'on peut souhaiter face à une crise de cette nature. Au pays des petits chefs, ceux-ci ont plus que jamais « cheffé », mais en évitant soigneusement de prendre des décisions par peur qu'elles leur soient plus tard reprochées. Pourtant, dans le cas des tests, nous disposions d'une alternative crédible aux réactifs chinois et américains. Dans une note transmise à Jérôme Salomon le 15 mars, les laboratoires d'analyse vétérinaire, qui travaillaient presque normalement, avaient proposé leur aide ; ils se disaient en mesure de « réaliser, sous un délai de quinze jours, entre cent-cinquante-mille et trois-cent-mille PCR par semaine[2] ». Le ministère de la Santé ne donna

1. https://www.francetvinfo.fr/sante/maladie/coronavirus/enquete-franceinfo-comment-la-rigidite-et-les-lenteurs-de-la-bureaucratie-ont-plombe-la-gestion-francaise-de-la-crise-du-covid-19_3962461.html

2. https://www.lepoint.fr/sante/exclusif-comment-la-france-se-prive-de-150-000-a-300-000-tests-par-semaine-03-04-2020-2369955_40.php#

pas suite. Pourquoi ? « Des normes réglementaires à respecter », répondit le Premier ministre. (Ce sont également des normes qui poussèrent les services de l'État à détruire des dizaines de millions de masques supposément périmés – certains dénichés par hasard dans des entrepôts dont on ignorait l'existence – depuis des mois mais qui eussent pu dépanner.) Une loi de 2013[1] interdit aux laboratoires de biologie médicale vétérinaire de traiter des prélèvements issus du corps humain ; on peine à en comprendre la logique et, plus encore, on devine que le gouvernement s'est commodément caché derrière elle pour ne pas prendre le moindre risque, terrifié qu'il était – et qu'il demeura – à l'idée de finir devant les tribunaux. En définitive, sans plan d'ensemble, en plus des siens, l'État a fait appel à une ribambelle de petits laboratoires privés qui, longtemps, n'ont pu analyser les tests parce que leur personnel manquait de masques, de gants, de blouses – a-t-on jamais vu cercle plus vicieux ? D'ailleurs, chacun aura pu observer combien le pouvoir macroniste a tenu à préserver les entreprises, à ne rien leur imposer, et surtout pas des réquisitions, vocable qui doit sonner trop communiste à l'oreille des Marcheurs. L'Allemagne n'est pas spécialement réputée pour être l'ennemie de la liberté d'entreprendre ; toutefois, elle n'a pas hésité, elle, à donner des ordres à son industrie pharmaceutique ; nécessité faisant loi, c'était ainsi qu'il convenait de procéder, du moins le temps de la crise. Pour mener une guerre, il faut définir en amont les buts de celle-ci. Les pays qui ont le plus souffert de la Covid-19 sont ceux qui n'ont pas su fixer

1. Loi n° 2013-442 du 30 mai 2013 portant réforme de la biologie médicale

des objectifs aux principaux acteurs de la « bataille ». Plus prosaïquement, cette faillite encore plus grave que celle des masques, a contribué à l'expansion du virus. Pour une fois que Tedros Adhanom Ghebreyesus avait vu juste et parlé clairement (*Testez, testez, testez*, dans son allocution liminaire du 16 mars), l'axe Paris-Rome-Madrid-Bruxelles faisait semblant de ne pas l'entendre.

En avril, le coronavirus ne cesse d'étendre son empire. L'Inde, qui a promulgué le confinement le 24 mars, est un objet particulier d'inquiétude pour l'OMS, car les chiffres qu'elle publie sont à peu près aussi absurdes que ceux de la Chine ; dans les bidonvilles de Calcutta et Dehli, des milliers de malades passent à coup sûr inaperçus ; ils ne seront jamais comptabilisés. En Russie, l'autoritarisme a du bon ; en effet, dès le 2 février, alors même que la Chine est un partenaire commercial privilégié par Vladimir Poutine, ce dernier avait interrompu le trafic ferroviaire et routier entre les deux pays[1] ; quelques jours plus tard, il interdisait carrément l'accès des Chinois à la Russie. Aussi, le 15 avril, les autorités russes ne décomptaient qu'un millier de décès dus à la Covid-19. La russophobie des médias occidentaux leur a fait douter par principe de ces flatteuses statistiques ; les observateurs les moins objectifs ont cependant admis qu'elles étaient globalement conformes à la réalité ; il est vrai que, comme l'Allemagne, la Russie avait fait le choix du dépistage tous azimuts, et ce dès le 31 janvier. Le Royaume-Uni, dont le gouvernement avait préféré s'en remettre à l'« immunité collective », c'est-à-dire de permettre au virus de circuler, de contaminer et,

1. https://www.reuters.com/article/us-china-health-russia-idUSKBN1ZX0MC

parce qu'il est peu létal, de le contenir avec le soutien des anticorps développés par l'immense majorité des personnes infectées, connaissait un sort comparable à celui de l'Italie. Le 7 avril, Boris Johnson lui-même rejoignait le service des soins intensifs du prestigieux *St Thomas' Hospital* de Londres. Quinze jours plus tard, la Couronne dénombrait un peu plus de dix-sept-mille morts, quand le *Financial Times* en comptait plus du double[1]. Même le Groenland, où nul ne se rend à part quelques Danois et hippies, devait faire face à la pandémie ; mais il fut le premier pays à annoncer qu'il était complètement guéri, ne recensant plus à compter du 8 avril de nouveaux cas. Les États-Unis auraient bien voulu pouvoir dire de même ; hélas pour eux, Donald Trump fit preuve dans cette affaire d'une cécité désarmante. La haine des libéraux – au sens américain du terme – à l'égard de l'ancien magnat de l'immobilier ne doit pas fausser le jugement porté sur lui et sur sa politique ; il a démontré, en particulier dans le conflit syrien, qu'il agissait de manière imprévisible, sans ligne de conduite ; sa présidence est aussi incompréhensible que sa personne est aberrante. En janvier, le CDC, agence fédérale chargée du contrôle et de la prévention des maladies, l'avait alerté à plusieurs reprises sur la Covid-19 ; le 1er février, il définissait le virus comme une menace « exceptionnelle » et prédisait que les premiers cas se déclareraient bientôt en Amérique du Nord. S'il est un pays dont le réseau d'espionnage est performant, c'est bien les États-Unis ; les dizaines de milliards de dollars engloutis dans le réseau Echelon, qui surveille la

1. https://www.ft.com/content/67e6a4ee-3d05-43bc-ba03-e239799fa6ab

planète entière, servent à quelque chose. Donald Trump était donc parfaitement conscient, avant tous ses homologues, de la gravité de l'épidémie ; plus que quiconque, il savait que les chiffres communiqués par les autorités chinoises étaient fallacieux. Du reste, déjà en campagne pour sa réélection, il ne voulait pas compromettre son excellent bilan économique en prenant des mesures forcément délétères pour la croissance des États-Unis ; l'affolement des démocrates, dont l'hégémonie dans les médias est indiscutable, avait pour lui tout d'une manœuvre. Aussi voulut-il contrer celle-ci en politisant l'affaire. Il nomma Mike Pence à la tête de la *task force* dévolue à la crise et fit dire aux membres du CDC et aux chercheurs associés à l'agence que toutes les informations relatives au virus devaient recevoir l'aval de son vice-président avant leur publication. Les États qui désiraient pratiquer des tests ou envisageaient de confiner naviguaient donc à vue. Comme ceux de l'OMS à la même époque, les experts du CDC ont protesté en interne et fait fuiter de nombreuses notes. Trump réagit en dénonçant l'instrumentalisation de l'agence par ses opposants. Selon *The New England Journal of Medecine*, le premier foyer épidémique américain, apparu le 1er mars, serait un centre de santé de l'État de Washington[1]. Le CDC recense les nouveaux cas au jour le jour[2]. Le 15 mars, il en compte mille-deux-cents ; le 19, il en trouve près de cinq-mille. Face à l'OMS qui propose de lui livrer des tests, Trump bombe le torse

1. https://www.nejm.org/doi/10.1056/NEJMoa2008457

2. https://www.cdc.gov/coronavirus/2019-ncov/cases-updates/cases-in-us.html?CDC_AA_refVal=https%3A%2F%2Fwww.cdc.gov%2Fcoronavirus%2F2019-ncov%2Fcases-in-us.html

et déclare que les États-Unis fabriqueront vite, seuls et bien leurs PCR – ce qu'ils feront, en effet, en gardant précieusement pour eux les réactifs qui manquent tant aux Européens. Cette obstination n'a pas calmé les États, y compris le très conservateur Texas, qui ont pris des initiatives sans l'accord de la Maison-Blanche, laquelle dut alors s'incliner. Là où la situation était la plus préoccupante, c'était bien sûr à New York, cet immense *hub*. Le 9 mars, le maire Bill de Blasio annonçait que ses services avaient dénombré seize cas – il y en avait forcément beaucoup plus, en vérité. La courbe monte alors en flèche. Le 25 mars, c'est près de dix-huit mille malades et deux-cents morts qui sont identifiés[1]. Parmi celles que des caméras ont pu filmer, aucune autre ville n'a davantage ressemblé à une zone de guerre que New York. Plusieurs hôpitaux de campagne furent installés ; des camions frigorifiques parcouraient les rues pour récolter les cadavres qui débordaient des hôpitaux ; sur Hart Island, des centaines de corps non réclamés furent jetés dans des fosses communes[23]. Le 6 avril, le bilan monte à soixante-douze-mille cas et deux-mille-cinq-cents morts. Ouverte sur le monde – c'est le moins que l'on puisse dire –, New York était condamnée à subir la Covid-19 en l'absence d'isolement du pays ; elle sera également victime des errements des autorités municipales et de l'État, qui ont longtemps hésité

1. https://www.nytimes.com/2020/03/25/nyregion/coronavirus-new-york-update.html#link-17e20485

2. https://www.lesechos.fr/monde/etats-unis/coronavirus-hart-island-lile-cimetiere-des-morts-non-reclames-de-new-york-1194232

3. https://nypost.com/2020/04/09/nyc-to-bury-coronavirus-dead-on-hart-island-potters-field/

sur la stratégie à adopter. Ce n'est que le 22 mars que le gouverneur a promulgué la cessation de toutes les activités non essentielles. À l'instar de Trump à l'échelon national, les responsables locaux redoutaient par-dessus tout les conséquences économiques de mesures trop strictes. La mégapole la plus riche du monde juste après Tokyo, dont le PIB est équivalent à celui de l'Australie, vécut des scènes de panique. Le 29 avril, des agents de la ville découvraient des dizaines de corps en décomposition dans deux camions garés devant un funérarium de Brooklyn. Les États-Unis comptaient presque deux millions de cas et cent-dix-mille morts le 10 juin.

Un fidèle allié de Donald Trump, à l'égard duquel les mêmes réserves s'imposent, fit vivre à son pays un scénario presque aussi peu réjouissant : Jair Bolsonaro. Là encore, on n'avait pas jugé utile de fermer les frontières. Parmi les premiers malades brésiliens identifiés à la toute fin de janvier, on trouve notamment un étudiant de retour de Wuhan ; quelques semaines plus tard, c'est un homme qui a voyagé en Lombardie. L'épidémie progresse entre la seconde moitié de février et la première quinzaine de mars. Le 27 février, le Brésil recense cent-trente-deux cas[1] ; le 21 mars, ce chiffre monte à mille ; le 24, on passe à deux-mille-deux-cents. Pourtant, le ministère de la Santé brésilien a eu largement recours aux tests, mais ils étaient de mauvaise qualité – il fallait attendre jusqu'à cinq jours pour obtenir les résultats, ce qui laissait au patient le temps de contaminer généreusement autour de lui avant de se placer en quarantaine. Pendant

1. https://g1.globo.com/ciencia-e-saude/noticia/2020/02/24/brasil-tem-4-casos-suspeitos-de-novo-coronavirus-informa-ministerio-da-saude.ghtml

ce temps, Jair Bolsonaro fait des bains de foule et moque ceux qui, y compris au sein de son administration, réclament la prudence ; comme les États américains, les États, au Brésil, jouissent de grands pouvoirs ; aussi certains d'entre eux décident, sans l'aval de Brasilia, de multiplier les tests et décrètent le confinement. Quand on ne veut pas connaître la température, on ne regarde pas le thermomètre ; en refusant le dépistage, Bolsonaro ne pouvait pas savoir combien de ses compatriotes étaient infectés par le virus. Les chiffres annoncés par ses services en avril et en mai seront par la suite réévalués très fortement à la hausse. Le 16 avril, il congédie d'ailleurs son ministre de la Santé, lequel défendait avec un peu trop de chaleur les fameux « gestes barrières » et le confinement – son successeur démissionnera un mois plus tard pour les mêmes raisons. En France, des plaisantins ont dit que la Covid-19 était démocrate puisqu'elle semblait toucher indifféremment riches et pauvres ; ce n'est pas vrai, et particulièrement au Brésil, où la miséreuse région du Nordeste fut la plus frappée – il en alla de même à New York, où le Bronx et le Queens ont souffert bien plus que Manhattan. Pour lutter contre l'épidémie, Bolsonaro dut même quémander l'aide de Cuba qui, bonne fille, a dépêché sur place des milliers de médecins. Confronté à la pénurie et la subséquente augmentation des prix des masques et des gants que le personnel hospitalier réclamait, il répondit, lui l'exemplaire capitaliste, qu'il essaierait de négocier avec l'industrie. Le 15 mai, le SARS-CoV-2 avait fait près de quinze-mille morts et touché un peu plus de deux-cent-mille Brésiliens ; courant juin, officiellement, la barre du million de contaminés devait être franchie.

Je parlais de thermomètre. L'Arabie saoudite choisit de le casser. Pendant de longues semaines, elle ne communiqua pas de chiffres ; elle attendit que ses voisins le fassent pour en annoncer ; bizarrement, à se fier à ces derniers, elle paraissait gérer merveilleusement la situation. La Turquie d'Erdogan, qui vient d'autoriser la conversion de Sainte-Sophie en mosquée, pratiqua la même arithmétique, refusant de collaborer avec l'OMS. L'évaluation du nombre de cas et de décès consécutifs à la Covid-19 dans ces pays – comme dans beaucoup d'autres – est impossible ; on ne saura jamais à quel point ils ont subi cette crise ; tous les bilans seront donc partiels, relatifs, peuplés de points d'interrogation. L'Afrique, sur le sort de laquelle d'aucuns se tourmentaient, considérant l'extrême fragilité de ses services de santé, a pareillement présenté des résultats flatteurs ; au début du mois de juin, le Sénégal prétendait ne comptabiliser que moins de cinquante morts, quand l'Algérie en dénombrait un peu plus de sept-cents. On peut se méfier de ces décomptes, qui décriraient, pour l'ensemble du continent, un virus finalement beaucoup moins meurtrier qu'une très éphémère flambée de grippe dans un faubourg du Caire. Mais la démographie africaine, bien sûr, peut également les justifier. La Covid-19 s'en prenant pour l'essentiel aux personnes âgées, il est logique que des pays qui en ont peu soit moins touchés que la vieille Europe, par exemple. En France, l'âge moyen est de quarante-deux ans[1], quand il est de moins de trente en Algérie et de dix-neuf au Sénégal. Par ailleurs, l'Afrique ignore presque complètement une institution étrange

1. https://www.insee.fr/fr/statistiques/2381476

quand on songe quelques secondes à son fondement : les maisons de retraite. Ces établissements, dans lesquels les familles occidentales envoient leurs « aînés » quand ils ne sont plus ou plus assez autonomes, où un personnel formé à cet effet les soigne entre deux parties de belote et une rediffusion des *Feux de l'amour*, ont été une cible privilégiée du coronavirus. Il y a fait des ravages en particulier en France dont l'État, je l'ai dit, avait en outre décidé de confiner tous les résidents dès l'apparition d'un cas. Du fait de sa pyramide des âges et d'une « solidarité entre les générations » qui n'est pas, chez elle, un vœu pieux mais une vérité anthropologique, l'Afrique a presque échappé à la pandémie. Tous ceux qui, avec une certaine condescendance et des élans néocolonialistes, prédisaient une hécatombe à Dakar et Oran, ont été surpris, et même sans doute un peu déçus de ne pas pouvoir s'indigner de l'« abandon » de leur terre promise, celle d'où viennent tous ces migrants que nous aurions le devoir d'accueillir en vertu de principes spécieux.

Derrière tous ces chiffres, on a tendance à l'oublier, il y a des hommes et des femmes, des vies, des corps, des tubes dans la trachée et des perfusions dans l'avant-bras. Il y a de la souffrance, beaucoup, car la Covid-19, dans les cas les plus graves, rares au demeurant, dévaste le système respiratoire des malades. Il eût été heureux que cet événement réhabilitât la mort dans l'imaginaire collectif des Occidentaux ; d'aucuns l'ont cru, surtout lorsque les hôpitaux débordaient de cadavres. Dans une remarquable lettre[1], Michel Houellebecq écrivait le 4 mai à ce

1. https://www.franceinter.fr/emissions/lettres-d-interieur/lettres-d-interieur-04-mai-2020

propos : « Il serait tout aussi faux d'affirmer que nous avons redécouvert le tragique, la mort, la finitude, etc. La tendance depuis plus d'un demi-siècle maintenant, bien décrite par Philippe Ariès, aura été de dissimuler la mort, autant que possible ; eh bien, jamais la mort n'aura été aussi discrète qu'en ces dernières semaines. Les gens meurent seuls dans leurs chambres d'hôpital ou d'EHPAD, on les enterre aussitôt (ou on les incinère ? l'incinération est davantage dans l'esprit du temps), sans convier personne, en secret. Morts sans qu'on en ait le moindre témoignage, les victimes se résument à une unité dans la statistique des morts quotidiennes, et l'angoisse qui se répand dans la population à mesure que le total augmente a quelque chose d'étrangement abstrait. » On ne saurait mieux dire ; dans les annonces incessantes du nombre de cas et de victimes, dans les exposés sur les courbes et les tableaux chamarrés, s'est perpétuée au contraire la grande déréalisation de la mort engagée depuis la fin du XVIIIe siècle. Houellebecq cite Philippe Ariès ; il aurait pu également mentionner Philippe Muray. En ouverture du génial *XIXe siècle à travers les âges*[1], ce dernier, dont l'humour consolateur nous manque tellement, racontait le déménagement du cimetière des Innocents quelques années avant la Révolution. Des centaines de milliers de corps, certains pas encore totalement décomposés, d'autres réduits à l'état de squelette depuis longtemps, rejoignaient soudainement les Catacombes. Ce ravissement d'un genre nouveau, qui tenait de l'entreprise de travaux publics, manifestait un mouvement puissant, profond, décisif dans l'histoire

1. *Le XIXe siècle à travers les âges*, Philippe Muray, Gallimard, 1999.

des mentalités ; désormais les morts seraient physiquement séparés des vivants ; on cacherait les premiers à l'extérieur des villes, derrière de hauts murs, alors que les cimetières, avant cette date, étaient des lieux de recueillement assidu mais aussi où s'épanouissaient toutes sortes de rencontres. L'hygiénisme du siècle suivant est venu renforcer cette évolution dont l'assise intellectuelle était foncièrement irréligieuse, pétrie par l'influence considérable de la franc-maçonnerie. S'il n'y a rien après, l'image de notre finitude devient insupportable. Aujourd'hui, admirable geste écologique, on brûle de plus en plus souvent les corps ; même l'Église catholique, qui n'est certes plus à une trahison près, admet cette pratique ; il ne reste plus rien de cet amas de chair et d'os avec lequel nous aurons traversé l'existence avec plus ou moins de chagrin et de joie. Là où la mort n'est que l'envers de la vie pour la plupart des hommes, la pandémie de Covid-19 n'aura pas du tout endigué la progression d'un matérialisme devenu un lieu commun et dont les statistiques sont la consécration. L'« émotion », chétif vocable à l'aide duquel des commentateurs jamais sortis de l'enfance décrivent aussi bien la victoire d'une équipe de football ou le concert d'une chanteuse pop que l'agonie de milliers de vieillards dans des services de soins intensifs, est en l'occurrence un succédanée de tragique.

En définitive, ce coronavirus ne fut pas Ebola et moins encore la peste bubonique ; il épargna l'immense majorité d'entre nous ; même la plupart de ceux qu'il toucha n'en furent quittes, s'ils n'étaient pas chanceux, que pour une toux un peu pénible, une fièvre tenace ou un essoufflement comparable à celui du fumeur qui abuse en soirée. Mais pour une fraction forte de plusieurs millions d'individus à travers le monde, il fut redoutable. Des médecins, qui ont pourtant les nerfs solides, ont témoigné de son agressivité. Après une durée d'incubation allant de deux à douze jours, il frappait doucement, s'en prenant aux voies respiratoires, provoquant des douleurs thoraciques ou privant le malade de l'odorat et du goût ; chez certains, il entraînait également une forme de désorientation, signe d'une attaque du système nerveux central. Plus les infectés avaient de pathologies – diabète, hypertension, obésité, problèmes pulmonaires –, plus l'assaut était violent, en général. Selon les estimations de l'Institut Pasteur, 20 % des contaminés nécessitaient une hospitalisation et 5 % une admission en réanimation, où ils étaient placés sous respirateur artificiel. En France, 9 % de ces derniers, les cas les plus graves, perdaient alors leur « bataille » contre le virus[1]. Entre les premiers symptômes de la maladie et son plein épanouissement, il s'écoulait donc, le plus souvent, de précieux jours ; en statuant que l'hospitalisation ne devait intervenir que lorsque la Covid-19 était avérée, les pays latins ont commis une lourde erreur ; entre-temps, en effet, le virus dévastait insidieusement l'appareil respiratoire du malade ; le traitement était d'autant moins efficace qu'il affrontait un ennemi bien installé, qui s'était répandu parfois dans tout l'organisme, jusqu'au système digestif. Ces patients-là ont vécu une épreuve effroyable ; ils ne pouvaient plus respirer, avaient la cage thoracique comme enfoncée par deux rugbymen, vomissaient quelquefois. Des contreforts de l'Himalaya aux banlieues de Chicago en passant par les bourgs de

1. https://urgences-serveur.fr/mise-au-point-quotidienne-sur-le-covid-19.html

la Moselle et de la Catalogne, les mêmes râles se firent entendre ; les scanners, du moins là où l'on pouvait en faire, révélaient des poumons rongés irrémédiablement ; quand, sur un terrain favorable, il donnait sa pleine puissance, le coronavirus causait sur l'organisme des dégâts terribles. La plupart des médecins présents « au front » l'ont dit : jamais dans leur carrière ils n'avaient vu des ravages de cette nature. Leur impuissance dégénérait en détresse ; lorsqu'on a fait le serment de soigner, de guérir, échouer à ce point, aussi brutalement, a de quoi révolter ou, *a contrario*, rendre neurasthénique. La méconnaissance du virus, le flou dans lequel les laissaient partout les autorités, le manque de matériel de base pour traiter les malades sans être à peu près sûr d'être contaminé à son tour – cette crainte était fondée vu que des milliers de soignants ont contracté la Covid-19 au contact des malades, certains y perdant d'ailleurs la vie – ont constitué une expérience singulière pour les praticiens des pays développés. (Certes, depuis une dizaine d'années, dans les gares, les salles de spectacle, les cours d'école, sur les marchés, de grands boulevards, ils voient des corps déchiquetés à l'arme lourde, broyés par une ou vingt tonnes d'acier, des têtes coupées au couteau de cuisine par des djihadistes convaincus ou des racailles converties au fond d'un restaurant de kebab ; cela est d'autant plus vrai en France, bien sûr, où chaque mois apporte désormais son attentat, petit ou grand, du clandestin soudanais qui tue à cause d'une « vision » qu'il a eue en passant devant une mosquée aux anciens de Syrie, dotés d'une formation militaire, qui pulvérisent à la kalachnikov ; cette terreur islamiste, qui continuera tant que nous serons dirigés par des élites spéculatives, adversaires irréductibles du réel, a acclimaté le personnel hospitalier, en particulier en région parisienne, à la médecine de guerre.) Quoique le continent le plus durement frappé par le coronavirus, l'Europe n'a pas connu les scènes épouvantables qui se sont produites en Chine, en Iran, en Équateur, où des malades s'effondraient dans des ruelles, des monticules de cadavres étaient incendiés dans les arrière-cours de centres de soins surchargés. Il est peut-être encore permis de penser aux siens avant de penser aux autres ; la situation de l'Europe est celle qui nous préoccupait le plus, et si elle montra à cette occasion une fragilité accablante, le sort de ses contaminés y était quand même nettement plus enviable que celui des habitants de Quito.

Jadis, tous les Français ou presque connaissaient la célèbre formule extraite des *Pensées* de Pascal : « Tout le malheur des hommes vient d'une seule chose, qui est de ne pas savoir demeurer en repos, dans une chambre. » À en croire les réseaux sociaux et les discussions devant la machine à café durant et après le confinement, celui-ci a jeté des centaines de millions d'entre nous dans la dépression. De toute évidence, *le sens de l'essentiel* a été peu cherché. Il est vrai que pour les familles, en particulier celles comptant des enfants en bas âge, la période dut être très éprouvante. Nonobstant l'emprise délétère des écrans et des consoles de jeu vidéo sur ces derniers, ils aiment encore et ont besoin de se défouler, faute de quoi ils craquent plus sûrement qu'un antispéciste à la fête de l'Aïd. Mais ceux qui sont le plus à plaindre, ce sont les millions d'autoentrepreneurs, les livreurs, chauffeurs, tous les tributaires de l'économie uberisée qui ont vu fondre ce qu'ils avaient dans leur frigo sans espoir de le remplir à court terme. Eux, ce n'était pas par *le sens de l'essentiel* qu'ils étaient obsédés mais par des besoins beaucoup plus terre à terre. L'institution du chômage partiel et du report des charges, en France, a évité un désastre social et économique, du moins sur le moment ; l'annonce de grands plans de « restructuration » – c'est-à-dire de licenciement – dès la levée du confinement par de grosses entreprises, et ce sans attendre les projets du gouvernement pour les différents secteurs, prouve que le marché est impatient de relancer la machine – et que le pouvoir politique n'a pas son mot à dire. En revanche, on peut s'étonner de ce que ceux qui étaient assurés de toucher leur paie – les fonctionnaires en premier lieu –, ceux qui n'étaient pas contraints de revoir pour la soixantième fois *La Reine des neiges* ou *Le Roi lion,* ceux qui pouvaient sécher tous leurs cours sans redouter des heures de colle, que ceux qui étaient enfin libres, en somme, aient manifesté autant de désespoir durant cette période insolite. Soit, l'ennui est plus supportable dans un loft que dans une de ces « coquettes » mansardes parisiennes louées à des prix obscènes ; mais même ceux qui disposaient d'une maison avec jardin ont râlé tant et plus contre la longue solitude à laquelle les vouait le confinement. L'homme est un animal social, c'est certain, et la privation de contacts avec ses congénères ne saurait durer trop longtemps sans le rendre fou – rares sont les anachorètes. Mais au lieu de profiter de ce moment suspendu pour, au choix ou en même temps, faire du sport, lire, regarder de bons films, planter des rhododendrons ou des dahlias, prier, apprendre à faire la cuisine, peindre, s'essayer à la mécanique, écrire, les masses se sont plutôt rabattues compulsivement sur Internet et la télévision – l'audience des chaînes de télévision a atteint des sommets durant cette période. Parvenir à « s'occuper » était la principale hantise des confinés. Les plus jeunes et les plus « connectés » le disaient sur les réseaux sociaux, à grands coups de *hashtags* dans lesquels perçait une irritation dévorante. Au bout de quelques jours, ils avaient déjà épuisé Netflix, Amazon Prime, YouTube et leurs professeurs qui, pour rassurer les parents, donnaient des cours en direct sur Skype ou par texto. L'agitation propre à cet âge s'ajoutait à celle de cette génération, née avec une multitude d'écrans, « stimulée » en permanence, et qui, par conséquent, vivait son isolement comme une tribulation. Le principe de précaution, forgé par le camp progressiste, s'applique à tout sauf, étrangement, à la technologie ; l'impact cognitif de celle-ci sur les jeunes voire les très jeunes gens est pourtant tellement manifeste que les patrons des géants d'Internet – qui en connaissent un rayon sur le sujet – confessent interdire les smartphones et les tablettes à leurs enfants[1]. Ce bouillonnement, qui n'a pas concerné – loin s'en faut – que les lycéens en manque de virées en terrasse et de nuits sans étoiles sous le rythme interlope de sons électro, trahit la sombre intranquillité de notre époque. Et il était comique d'entendre le « bougiste » en chef, l'homme qui voulait incarner – et qui le fait toujours très bien – la réduction de la vie à quelques vagues « valeurs » enrobant un être considéré comme une dynamique, prôner

1. https://www.francetvinfo.fr/sciences/high-tech/bill-gates-steve-jobs-quand-les-patrons-de-la-silicon-valley-interdisent-les-portables-et-les-reseaux-a-leurs-enfants_2514445.html

un retour à *l'essentiel.* Charité bien ordonnée commence par soi-même.

Comme après un bombardement, en effet, nous sommes ressortis de nos tanières. Le déconfinement s'est étalé, selon les pays et les régions, de mars à juin. Tout à coup, il fallait retourner à l'atelier, au bureau, à l'usine. La Covid-19, qui la veille faisait encore si peur, était déjà presque oubliée. Les journaux expliquaient bien qu'elle continuait sa course ailleurs, notamment en Amérique du Sud ; dans les transports, où une signalétique infantilisante au possible le rappelait à chaque mètre, le port du masque, ce fameux masque longtemps insaisissable, était désormais obligatoire ; les gouvernements, sans trop y croire, faisaient toujours la promotion des « gestes barrières ». Plus personne, sur les terrasses à nouveau prospères, ne respectait la distanciation sociale, le toussotement en cachette ; dès que le soleil se montrait généreux, groupes d'amis et familles au grand complet se promenaient bras dessus, bras dessous, heureux de reprendre le cours normal d'une existence interrompue pendant des mois par un mystérieux virus. Les soulèvements de type révolutionnaire que certains services de renseignements avaient annoncés se faisaient attendre ; venue des États-Unis, une poussée antiraciste, décoloniale, antiblanche, devant laquelle les éditocrates se mirent à genoux, se substitua à la colère de ceux qui demandaient des comptes à leurs chefs pour leur gestion de la crise. Tout rentrait dans l'ordre, celui des libéraux dont le paradigme s'imposait plus que jamais à tous, comme si rien ne s'était passé. « Le monde d'après », évoqué par Emmanuel Macron dans l'un de ses sibyllins discours, enivrait cependant toujours certains, qui le dessinaient d'une manière étonnante. Comme le prince Salina dans *Le Guépard* de Lampedusa merveilleusement adapté par Visconti, ils pensaient en vérité : « Si nous voulons que tout reste pareil, il faut que tout change. » Leur *aggiornamento* de façade était ainsi un moyen de renforcer le monde présent, celui grâce auquel ils régnaient en maître sur des peuples par eux considérés au mieux comme des variables d'ajustement.

IV.
CAUSE À EFFETS

« J'avais l'impression de voir un corbillard
chercher le corps d'un mort »,
un ancien salarié de l'usine de Plaintel

Au milieu des années 1990, dans son indispensable *Révolte des élites et la trahison de la démocratie*[1], l'historien et sociologue américain Christopher Lasch écrivait : « Ceux qui aspirent à appartenir à la nouvelle aristocratie des cerveaux tendent à se regrouper sur les deux côtes, tournant le dos au pays profond, et cultivant leurs attaches avec le marché international par l'argent hypermobile, le luxe, la haute couture et la culture populaire. On peut se demander s'ils se pensent encore Américains. Il est clair en tout cas que le patriotisme ne se situe pas très haut dans leur échelle de valeurs. D'un autre côté, le "multiculturalisme" leur convient parfaitement, car il évoque pour eux l'image agréable d'un bazar universel, où l'on peut jouir de façon indiscriminée de l'exotisme des cuisines, des styles vestimentaires, des musiques et

1. *La Révolte des élites et la trahison de la démocratie*, Christopher Lasch, Flammarion, 2007.

de coutumes tribales du monde entier, le tout sans formalités inutiles et sans qu'il soit besoin de s'engager sérieusement dans telle ou telle voie. Les nouvelles élites sociales ne se sentent chez elles qu'en transit, sur le chemin d'une conférence de haut niveau, de l'inauguration de gala d'un nouveau magasin franchisé, de l'ouverture d'un festival international de cinéma, ou d'une station touristique encore vierge. Leur vision du monde est essentiellement celle d'un touriste – perspective qui a peu de chances d'encourager un amour passionné pour la démocratie. »

Ce portrait, c'est celui des électeurs macronistes et, plus largement, de ceux qui pilotent les sociétés occidentales depuis une grosse quarantaine d'années – moment où les soixante-huitards, alors trentenaires, ont pris le pouvoir dans les médias, les tribunaux et la politique. Le monde dans lequel vivent tant les Français que les Italiens ou les Britanniques a été façonné par ces élites apatrides, gyrovagues, détentrices d'un capital et pour qui la politique n'est qu'une technique de *management* permettant la coïncidence entre leurs « valeurs » et leurs désirs. Les gouvernements – de centre-gauche et de centre-droit – passent, mais émanation des mêmes classes sociales, du même creuset culturel, ils poursuivent le même objectif : l'arrimage de leurs nations au mondialisme. Le concept même de frontière les épouvante ; l'idée de les fermer leur fait pleurer des larmes de sang. Ils croient – comme on croit devant l'autel – en la vertu du marché, c'est-à-dire du commerce ou, dans le sociolecte de gauche, des « échanges » ; c'est grâce aux affaires, pensent-ils, que les hommes se rapprochent et, dans leur vision irénique des rapports entre les peuples, devraient finir par se mélanger et ne plus former qu'une seule humanité sans race, sans sexe, sans religion. Ce qui les lie à l'endroit où ils sont nés relève au mieux du folklore, au pire de la honte ; ils se vivent comme des passagers du monde, grand navire qui accoste aux quatre coins de la planète sous une nuée de fleurs, accueilli par des populations-sœurs par essence, forcément désireuses d'expérimenter à leur tour la « consom'action », la pilule du lendemain et les « luttes » sociétales. Lasch explique ailleurs dans son livre que, pour les habitants de New York, Boston ou Los Angeles parfaitement à l'aise dans l'économie-monde qui vient, à l'époque où il écrit, de battre à plate couture le communisme, leurs semblables de Shanghai, Berlin ou Johannesburg leur sont infiniment plus proches que les ploucs vivants à cinquante kilomètres de chez eux. Christophe Guilluy, qui est un épigone de Lasch, va jusqu'à imaginer, dans son récent *No Society*[1], que les métropoles pourraient carrément faire sécession, devenir indépendantes à la manière des cités-États italiennes, se débarrassant ainsi de leurs périphéries paupérisées et réactionnaires. Bien entendu, le mouvement des Gilets jaunes, qui a fait des petits à travers le monde sans y atteindre la puissance qu'il avait en France, a validé dans une très large mesure les analyses de Lasch, Guilluy et, autre remarquable anatomiste des élites, Jean-Claude Michéa. Chaque société se déploie dans un paradigme ; le nôtre est libéral, hanté par un fantasmatique retour du « fascisme » qu'il combat le plus souvent avec des pétitions mais contre lequel il est prêt, le cas échéant – c'est l'une des grandes leçons des Gilets jaunes –, à envoyer la troupe avec la détermination des

1. *No Society*, Christophe Guilluy, Flammarion, 2018.

Versaillais de Thiers dont il a d'ailleurs emprunté le vocabulaire ordurier durant cette autre crise. Pour les membres de ce nouveau parti de l'ordre, qui veulent juste qu'on les laisse « innover » paisiblement, même si cette opération s'accompagne toujours, chez eux qui sont « conscients » du monde qui les entoure, de questionnements qui sont à la métaphysique ce que le développement personnel est à la philosophie, la démocratie est moins le gouvernement du peuple, par le peuple et pour le peuple qu'un moyen de « réguler » ce dernier ; pour s'en convaincre, il n'est qu'à voir comment, à l'hiver 2018, la revendication du référendum d'initiative populaire (RIP) ou citoyenne (RIC) a été traitée par les représentants officiels et officieux de l'extrême centre ; supputant par exemple que la peine de mort serait réinstaurée si on la soumettait au vote des Français, ils expliquaient que des préceptes moraux, prétendument universels alors qu'il s'agissait des leurs, de ceux de leur milieu, de leur classe sociale, comptaient plus que le suffrage universel, qu'il fallait donc limiter le plus possible. Rousseau le dit dans son *Contrat social* : la démocratie représentative a un vice originel, qui est la constitution d'une classe politique qui, une fois élue, songe davantage à sa réélection qu'à satisfaire les attentes de ses électeurs. La politique devient alors un métier, ce qu'elle ne devrait pas être et n'était pas dans la Grèce antique à laquelle se réfèrent sans arrêt les cuistres qui nous gouvernent. Mais aucun système politique ne tient longtemps s'il n'est pas en adéquation avec la structure de la société qu'il régente. La démocratie représentative correspond au triomphe de la bourgeoisie dans le monde occidental ; elle était le rapt de la souveraineté populaire par une classe sociale organisée et dont la force venait d'abord, comme dirait

Marx, du fait qu'elle avait conscience d'en être une. Sous la IIIe République, mais également en Allemagne ou en Italie à la même époque, la bourgeoisie était patriote ; dans les assemblées, les débats étaient idéologiques, donc profonds, donc violents, et s'accordaient avec ceux qui agitaient la société entière. Or, ce n'est plus du tout le cas. Hyppolite Taine, dans ses monstrueuses *Origines de la France contemporaine*, explique la Révolution par la rupture du pacte tacite qui unissait l'aristocratie au peuple ; la première, devenue parasitaire, avait fait sécession du corps social comme la bourgeoisie mondialiste aujourd'hui. Les représentants incarnent de moins en moins, en particulier en France où un mode de scrutin inique exclue, selon les élections, entre 10 et 50 % de ceux qui sont allés voter au premier tour – sans parler de ceux qui, à cause de cette manipulation, ne prennent même plus la peine de se déplacer, dégoûtés qu'ils sont par ailleurs par les leçons de morale que leur font en permanence les *sachants*. Ainsi, la pandémie de Covid-19 est arrivée en Occident dans ce contexte historique ; sa gestion était assujettie à un système et à ceux qui le personnifiaient. En somme, pour résumer, la crise politique n'est pas induite par la crise sanitaire, c'est la crise sanitaire qui procède de la crise politique.

Prenons chronologiquement plusieurs exemples, à commencer par celui de la fermeture des frontières. En Europe, les pays qui ont le mieux résisté au coronavirus sont ceux qui, faisant fi des objurgations de Bruxelles et de certains leaders de l'Ouest, ont abaissé leurs rideaux rapidement. C'est notamment le cas de la Pologne et de la République tchèque, qui comptaient respectivement un peu plus de mille et un peu moins de trois-cents morts à la mi-juin – alors que leurs pyramides des âges ressemblent beaucoup à celles des nations les plus frappées par la Covid-19. « La Russie, on l'a dit, a fait le même choix. » Il était parfaitement possible, y compris dans le cadre de Schengen, de rétablir des contrôles aux frontières ; certains membres de l'UE n'ont d'ailleurs pas hésité longtemps à le faire. En Pologne, le premier cas est apparu le 1er mars ; treize jours plus tard, elle s'isolait. La France d'Emmanuel Macron, elle, attendait un mois et demi pour prendre la même décision, dans la foulée de la fermeture des frontières extérieures de l'UE décrétée par la Commission européenne. À défaut d'imiter ses voisins slaves, l'Allemagne s'était recroquevillée dès février, filtrant le passage des travailleurs venus d'outre-Rhin et d'outre-Oder. Pendant de longues semaines, en France, des avions en provenance de Chine, y compris de la province du Hubei, ont continué d'atterrir dans nos aéroports ; étonnés, des voyageurs ont raconté n'avoir subi aucun test à leur arrivée sur le territoire français. Il faut se souvenir comment, durant cette période, le pouvoir macroniste a accueilli les demandes de claustration exprimées par certains responsables politiques ; par le truchement de la porte-parole du gouvernement ou de parlementaires, il les moquait, les qualifiait de lubies, expliquait à la fin que la mesure était techniquement impossible. Emmanuel Macron n'avait-il pas édicté que « le virus (n'avait) pas de passeport » ? Bien sûr, la fermeture des frontières terrestres et aériennes était mauvaise pour le commerce ; elle mortifiait les marchés et les agences de notation. Mais les Polonais et les Allemands n'aiment pas moins les « échanges » que les Français ; chez eux également, les chefs ont les yeux rivés sur la courbe de la croissance. Le dédain longtemps manifesté par les macronistes pour cette mesure trahit leur extrémisme idéologique ; lorsqu'on définit une frontière comme un « champ de barbelés » entouré de « miradors », avec des « nazis » jamais très loin du dispositif, il est certain que la perspective de la relever a de quoi effrayer. Le macronisme, qui est une version plus jeune et plus excessive de la social-démocratie, ne pouvait décemment accepter cette option, faute de quoi il eût renié ce qui le constitue au premier chef, à savoir une intégration totale au monde et à ses flux.

La perversité du libéralisme, c'est qu'il se fait passer pour la négation des idéologies ; être contre, ce n'est pas ne pas être ; le pragmatisme dont se prévalent sans cesse les libéraux n'est pas neutre, il est peuplé de conceptions, concepts, idées qui embrassent l'ensemble des activités humaines. En niant être un système, le libéralisme essaie – avec un talent certain, il faut l'admettre – de désarmer ses adversaires. De là vient que les libéraux, souvent, considèrent leurs divers engagements comme « naturels ». Eux qui n'ont que l'Autre à la bouche, ils sont dépourvus d'altérité. Ils sont *naturellement* antiracistes, *naturellement* pour le progrès, *naturellement* écologistes, *naturellement* pour l'économie de marché, *naturellement* pour le mariage gay. Tous ceux qui se placent en dehors de leur orbite – situation surprenante et en vérité incompréhensible à leurs yeux – sont suspects et forment l'arrière-garde d'un monde appelé à rejoindre les poubelles de l'Histoire. Parce que le libéralisme est, enfin, de nos jours, moins un corpus qu'un principe, il se révèle surtout *dans les faits*. L'opiniâtre refus de fermer les frontières au moment où le coronavirus entamait sa course manifestait celui de céder à des « réflexes » dignes d'un « passé » honni comme l'Ancien régime l'était par la République. Et il a eu les fâcheuses conséquences que l'on sait.

Puis il y eut l'affaire des masques. Quand, en 2013, Jérôme Salomon écrit dans une note que l'État doit lisser ses stocks, officialisant ainsi la nouvelle doctrine en la matière, il le fait *naturellement*. Pour un libéral conséquent, le flux est toujours préférable au stock. Salomon, qui n'a pas l'air de lire Heidegger tous les jours, sert alors un gouvernement social-démocrate et qui a fait, comme ses prédécesseurs, de la rigueur budgétaire un dogme insurpassable. Que certains secteurs de l'économie soient soumis à la loi du marché peut s'entendre ; que cette même loi doive s'appliquer à la sécurité sanitaire, beaucoup moins. Dans le modèle mondialiste, tout est censé être en mouvement. Déjà en 2010, du temps où Bachelot avait commandé des centaines de millions de masques, elle enfreignait un principe cardinal pour ceux de son camp, cette démocratie chrétienne qui, chez nous, prétend encore parfois être gaulliste alors qu'elle a systématiquement détruit l'héritage du Général. Cette décision lui avait été durement reprochée, tant par ses collègues que par les commentateurs officiels. Or, si la note était salée, elle se justifiait ; trois-cent-quatre-vingt millions d'euros, c'est moins que le prix d'un de ces nouveaux stades de football construits presque chaque année en France – dans le cadre de partenariats public-privé (PPP) – pour nourrir Eiffage et Vinci alors que les anciens tiennent parfaitement debout. Les successeurs de Bachelot se sont empressés de corriger le tir ; en liquidant les stocks de masques, ils ont redit leur confiance en la main invisible. Logiquement, ils ont par ailleurs laissé mourir les entreprises du secteur. Le 3 avril, France Info racontait comment l'État avait « sacrifié sa plus grande usine de masques »[1] située à Plaintel, dans les Côtes-d'Armor. Spécialisée dans les FFP2, cette usine pouvait produire à elle seule jusqu'à deux-cents millions de masques par an. Sous le gouvernement Dominique de Villepin, en 2006, l'État s'était engagé à multiplier les commandes. En 2010, un grand groupe américain rachète l'entreprise ; il promet alors monts et merveilles ; dès l'année suivante, pourtant, il commence à licencier. En 2018, pour des « raisons économiques », les trente-huit derniers salariés – certains travaillent à Plaintel depuis quarante ans – sont envoyés à Pôle emploi. Le propriétaire ravage tout avant de fermer boutique. Un ancien salarié explique : « Lorsque je suis sorti pour ma pause-déjeuner, j'ai vu un semi-remorque embarquer un morceau de nos lignes de production qui mesuraient entre cinquante et soixante mètres de long. Tout est parti chez le ferrailleur pour être détruit. J'étais vraiment choqué. J'avais l'impression de voir un corbillard chercher le corps d'un mort. C'est un peu à l'image de ce qui nous est arrivé au sein de l'entreprise. » Entre-temps, conformément à la doctrine Salomon, l'État avait cessé de recourir à l'usine de Plaintel ; le cas échéant, le marché saurait bien satisfaire la demande. Ce scénario est bien connu, certes ; depuis quarante ans, tout le tissu industriel français a été bazardé de la sorte ; la recherche de rentabilité maximale ne fait pas

1. https://www.francetvinfo.fr/sante/maladie/coronavirus/enquete-franceinfo-comment-la-france-a-sacrifie-sa-principale-usine-de-masques-basee-en-bretagne_3896665.html

de sentiment. Comme Emmanuel Macron le disait aux ouvriers de l'usine Whirpool d'Amiens durant la campagne de 2017, ainsi va l'économie actuelle ; s'ils voulaient toujours travailler, ces cols bleus « illettrés » n'avaient qu'à suivre des formations et se reconvertir – Deliveroo offre d'excellents débouchés. Voilà en tout cas pourquoi et comment la France s'est retrouvée sans masques au début de la pandémie. D'autres pays, et pas des moindres, avaient fait le même calcul, misant eux aussi sur la Chine pour combler leur éventuel besoin ; ils ont connu les mêmes difficultés pour s'approvisionner, luttant à coups de milliards pour séduire les autorités chinoises ; « solidaires » mais pas trop, des membres de l'UE ont tout bonnement volé des masques commandés par leurs voisins jusque sur le tarmac des aéroports. Sentant le vent tourner, ceux qui ont toujours promu le flux prônent aujourd'hui les relocalisations. Cette spectaculaire volte-face n'a cependant rien d'un acte de contrition ; le système qui a engendré cette catastrophe – réduite à de simples « ratés » – n'est aucunement remis en cause ; le rapatriement de quelques usines en Europe, s'il amusera les éditorialistes, ne changera rien au fond du problème, qui est la logique mondialiste en tant que telle.

Le scandale des tests est encore plus parlant. J'ai déjà expliqué pourquoi certains pays, et la France en particulier, ont été incapables d'en fabriquer en masse et rapidement : il leur manquait certains composants indispensables à la confection. Et là encore, c'est la Chine qui avait un quasi-monopole sur la plupart d'entre eux, notamment les réactifs. On devine sans peine que c'est une logique purement économique qui explique cette situation : faire venir des produits de là-bas coûte moins cher que de les produire ici. Et tant pis si cette dépendance met en danger notre sécurité sanitaire ; dans l'esprit des mondialistes, dont la commissaire européenne à la Concurrence, la Danoise Margrethe Vestager, est une caricature, les droits du consommateur priment ceux du citoyen ; d'un point de vue psychologique, ils sont comme les petits bourgeois qui ramènent chez eux tous leurs tickets de caisse et notent chaque jour, sous la lumière torve d'une lampe de chevet, les montants dans un cahier. D'ailleurs, grâce à cette autre fille de pasteur – on ne dira jamais assez combien le protestantisme a fait de mal, lui qui, naît sous les traits d'un talibanisme, a continué sa sinistre carrière sous ceux d'un bon de commande avant d'agoniser, de nos jours, sous la forme d'un très vague « humanisme » –, jamais l'UE n'aura autant assumé sa vocation, qui est de faire de notre continent un supermarché, où toutes les marchandises du monde transitent pour le plus grand contentement de populations réduites à leur pouvoir d'achat. Face à la pandémie de Covid-19, les chefs de rayon de Bruxelles ont été à la fois impuissants et nocifs. Dans un premier temps, ils ont freiné afin que les frontières intérieures et extérieures ne soient pas fermées ; tandis que certains gouvernements engageaient des discussions pour mettre en place cette mesure, l'UE les a sabotées, rappelant à tous qu'elle devait être consultée en amont. Et tandis qu'elle jouit d'un budget conséquent, qu'elle prétend décider pour tous les membres et protéger mieux que quiconque les peuples européens, elle n'a pas produit un test, un masque, une paire de gants, sa contribution se limitant à des essais cliniques dont le risible Discovery qui, piloté par l'Institut national de la santé et de la recherche médicale (INSERM), n'a rien donné faute de patients, chaque pays gardant les siens pour mener ses propres recherches[1]. On ne pensait pas qu'il était possible de faire plus ridicule que « l'Europe de la défense » : eh bien si, il y a « l'Europe de la santé ». Tant qu'il s'agit de saigner nos agriculteurs et nos ouvriers, de nous humilier sur la scène internationale, de nier notre héritage chrétien pour ne pas « exclure » les immigrés dont elle voudrait faire ses hilotes, elle est à l'aise, toujours présente ; mais quand il faut affronter le débarquement d'un million de Syriens, Irakiens, Afghans, Érythréens en Grèce, avec l'accord d'un Erdogan à qui elle paie tribut comme Rome le faisait avec les barbares sous l'Empire finissant, ou lorsqu'un virus frappe à ses portes, l'UE est impotente. Son fondement idéologique – ou son logiciel, comme elle dirait – ne lui permet pas de faire face à une épreuve de ce genre. Mais, puisque c'est vers les nations que les masses se sont tournées naturellement à cette occasion, c'étaient à elles de répondre ; elles ne l'ont pas fait, ou alors très insuffisamment ; celles qui ont le plus souffert de la Covid-19 – France, Belgique, Italie, États-Unis, Brésil, Espagne – étaient également celles qui sont les plus engagées dans la dynamique mondialiste, sous-traitant à d'autres la production d'à peu près tout. Et nier la pertinence du dépistage, comme certains ont osé le faire pour dissimuler leur carence, ne trompe personne.

1. https://www.revmed.ch/RMS/2020/RMS-N-694/COVID-19-la-faillite-annoncee-de-l-essai-clinique-europeen-discovery

L'UE n'avait par ailleurs aucune envie d'irriter la Chine, qui est son premier partenaire commercial, du moins du point de vue des importations[1] – les États-Unis demeurant pour l'heure celui vers lequel elle exporte le plus. La crise sanitaire vient de prouver à quel point les Européens sont drogués aux produits chinois et, ayant abandonné des pans industriels entiers, ne sont tout simplement plus capables de fabriquer certains produits. Dès lors, plutôt que de dépendance, c'est de servitude qu'il convient de parler. Et le pire, bien sûr, c'est que celle-ci est volontaire. Depuis 2013 et son lancement en grande pompe par Xi Jinping, la nouvelle route de la soie, projet titanesque, est en train d'asseoir la domination politique de la Chine après son hégémonie commerciale. Ses holdings aux fonds illimités rachètent notamment de nombreux ports et aéroports. Dès 2008, la Grèce vendait une partie du deuxième plus important port de la Méditerranée, celui du Pirée, à la Chine ; en 2016, le groupe chinois Cosco s'emparait du reste avec l'accord d'Alexis Tsipras. En 2019, c'est carrément l'Italie qui, elle aussi en quête de liquidités, rejoignait la grande équipe, le président du Conseil, Antonio Conte, libéral conséquent, jubilant face à ces gros contrats censés émouvoir les travailleurs et plus encore la Confindustria. Dans *L'Offensive chinoise*[2], Alain Sepulchre et Philippe Le Corre racontaient en 2015 comment le nouvel empire, après s'être solidement installé en Afrique, s'attaquait à un marché autrement lucratif, la vieille Europe. En Italie, la Chine rachetait des

1. https://www.touteleurope.eu/actualite/le-commerce-exterieur-de-l-union-europeenne.html
2. *L'Offensive chinoise en Europe*, Alain Sepulchre et Philippe Le Corre, Fayard, 2015.

entreprises spécialisées dans les machines-outils. Mais elle y prenait également pied, par exemple à Prato, la ville de Curzio Malaparte, qui « accueille une population chinoise de cinquante-mille personnes, soit un quart de ses habitants. La plupart sont originaires de Wenzhou, la ville du Zhejiang dont viennent une majorité de Chinois d'Europe. Artisans, commerçants, petits industriels, promoteurs immobiliers ou logisticiens (...) Depuis une vingtaine d'années, le gouvernement italien a laissé cette zone se développer – malgré le regroupement évident d'immigrés clandestins en nombre important. Cette "cité chinoise" constitue désormais un véritable "centre de formation" pour entrepreneurs chinois en Europe, ceux qui se sont implantés il y a vingt ans formant les nouveaux arrivants aux coutumes locales ».

Des groupes chinois, bénéficiant de l'enthousiasme des autorités locales, prennent également des participations dans les fleurons de l'industrie transalpine : ENI, Fiat-Chrysler, Telecom Italia. Sepulchre et Le Corre citent l'économiste Alberto Forcchielli : « La Chine a un objectif : infiltrer le bloc des pays occidentaux et séparer l'Europe des États-Unis ; pour ce faire, les Chinois commencent par les pays les plus faibles, comme l'Italie. »

À l'instar des pétro-milliardaires du Golfe, les Chinois investissent en outre dans la pierre, achetant rubis sur l'ongle des immeubles dans toutes les capitales. Cette stratégie, pensée, planifiée, de longue haleine fait des pays qui y cèdent des obligés de Pékin, qui en a récolté les fruits diplomatiques ces derniers mois. L'ambassade de Chine en Italie prétendait par exemple que, sur leurs balcons, en mars, les Italiens chantaient « Grazie Cina » pour saluer l'envoi de matériel par leur généreux partenaire[1]. C'était faux, comme l'était plus généralement la prétendue générosité de la Chine à l'égard du monde entier, qui aurait reçu, selon ses propagandistes très actifs durant la crise, son aide fournie avec des tremblements de joie. La vérité, c'est que le pays à l'origine de la pandémie de Covid-19 a profité du sinistre événement pour faire reluire sa balance commerciale. Seuls les États-Unis ont osé protester, affirmant à juste titre que Pékin avait menti, triché et, par conséquent, favorisé la propagation du virus à travers le globe. Quelques dons de masques ou de respirateurs artificiels à des nations vassales ne suffisaient pas à faire oublier le comportement irresponsable de la Chine au commencement de la crise, quand il était encore possible de circonscrire l'épidémie à l'Asie voire au Hubei. Lorsqu'on se soumet, il ne faut pas s'étonner que le maître nous rappelle à l'ordre ; c'est ce que Xi Jinping et sa bande ont fait avec une âpreté peu commune, digne d'une conception bismarckienne des rapports entre les nations. Les élites européennes, pacifistes, hédonistes, relativistes, ne comprennent pas ce qui relève du simple rapport de force ; l'idée d'affronter la Chine ne leur a en réalité même pas traversé l'esprit ; elles ont plutôt critiqué l'attitude de Donald Trump, coupable en l'occurrence de faire de la géopolitique quand ils aspiraient, eux, à ne pas abîmer les relations qui les liaient à leur ventripotent grossiste.

Mais la meilleure preuve que cette crise est d'abord politique, c'est peut-être la « polémique » *suscitée* par le Pr Didier Raoult. Infectiologue réputé et même

1. https://www.frstrategie.org/publications/notes/italie-pays-cible-propagande-chinoise-heure-covid-19-2020

internationalement reconnu, il s'était signalé dès le mois de janvier en relativisant la gravité de l'épidémie. Homme du monde d'avant, raide comme le sont souvent les enfants de militaire, doté par ailleurs d'un look qui tranchait avec celui de premier de la classe de ses confrères, il voyait dans la peur qui montait le corolaire d'un principe de précaution devenu dingue. Quoique basée sur les chiffres chinois, sa sentence n'était pas idiote ; il est certain que les sociétés occidentales, dévirilisées, ont tendance à paniquer face aux écueils que l'histoire s'obstine à placer sur leur chemin – la « sidération », les marches blanches et l'achat d'ours en peluche provoqués par le djihadisme en sont les manifestations les plus édifiantes. Spécialiste des maladies tropicales et fin connaisseur des coronavirus, Raoult avait conseillé d'emblée de recourir massivement au dépistage ; lorsqu'il comprit que l'État français refusait cette solution, il a travaillé avec son équipe de l'IHU de Marseille et, tandis que la maladie se propageait en France, a proposé un traitement combinant deux molécules : l'hydroxychloroquine et l'azythromycine. Cette prétention lui attira instantanément des ennuis ; les membres du conseil scientifique, qu'il avait quitté avec fracas, le débinaient ; sur les réseaux sociaux, des chefs de services de réanimation et des infectiologues le moquaient, remettant en cause au passage les travaux qui lui avaient valu d'être, disait-on, nobélisable. Ses opposants ne juraient que par les études randomisées qui, à l'instar de Discovery, devaient accoucher d'un vaccin dans les mois à venir. Le ministère de la Santé, agacé par cette querelle, mettait en garde contre les méthodes visiblement peu orthodoxes du chercheur de Marseille, encourageant de fait ses ennemis. Raoult, qui était sûr de son fait, prescrivait son traitement maison aux malades de sa ville et, parallèlement, en étudiait l'efficacité de façon empirique. À ceux qui lui objectaient qu'il fallait être prudent, attendre les résultats des recherches menées partout à travers le monde, il répondait que le temps manquait et, pertinemment, que le but de la médecine était de tenter de soigner et non de publier dans des revues savantes. S'exprimant beaucoup, en particulier sur YouTube où il avait créé sa propre chaîne, il attaquait bille en tête la technostructure avec laquelle il avait un long contentieux. Car s'il dirigeait un institut renommé, il avait eu maille à partir par le passé avec son organisme de tutelle, l'INSERM, du temps où ce dernier était dirigé par Yves Lévy, le mari d'Agnès Buzyn – ce monde est petit. Tandis que les Marseillais, inquiets comme tous leurs compatriotes, faisaient la queue devant l'IHU, Olivier Véran et ses services essayaient de les décourager ; les médias, eux, avaient trouvé un « bon client » en la personne de Raoult, qu'ils interviewaient avec une gourmandise teintée d'horreur. Le « savant fou » brandissait ses statistiques, qui étaient censées démontrer les vertus de son traitement, du moins sur une certaine catégorie de malades. La « polémique » se cristallisait autour de l'hydroxychloroquine, antipaludique commercialisé depuis un demi-siècle en France sous le nom de Plaquenil ; ce médicament, très peu onéreux et distribué à tour de bras jusqu'en janvier, était soudainement louche aux yeux des autorités sanitaires ; des experts l'accusaient de favoriser l'hypertension artérielle, de nuire aux femmes enceintes, d'avoir des effets secondaires lourds et dangereux. Cette brusque prévoyance était perçue par une large partie de l'opinion comme une manœuvre voire un complot ourdi contre le professeur de province. D'aucuns ont plaqué leur grille de lecture du mouvement des Gilets jaunes sur les mésaventures de Raoult ; ils avaient raison, il me semble, tant la sociologie des soutiens de l'infectiologue aux cheveux longs ressemble à celle de la contestation de l'hiver 2018. Contre Paris, contre un pouvoir macroniste illégitime et un pouvoir disqualifié par principe, ce sont les mêmes personnes qui se sont dressées en faveur de quelqu'un qui semblait se rebeller seul ou presque, sans mâcher ses mots, accusant l'industrie pharmaceutique de profiter de la situation pour s'enrichir encore plus. Ces Français légitimement soupçonneux ont senti la main de « Big Pharma » derrière les tombereaux de crasse qui tombaient sur Raoult ; ils l'ont plébiscité d'autant plus qu'ils avaient l'impression qu'il poursuivait leur vindicte par d'autres moyens, qu'il était confronté aux mêmes adversaires. De fait, l'épidémie était contenue à Marseille. Cette évidence et la pression populaire avaient obligé le gouvernement à permettre la prescription de l'hydroxychloroquine. Hélas pour Raoult, Donald Trump avait fait la promotion de la banale molécule. Et le 22 mai, *The Lancet* publiait une vaste étude qui discréditait l'hydroxychloroquine. Immédiatement, Olivier Véran faisait retirer l'autorisation de prescription du Plaquenil pour certains malades de la Covid-19 ; les adversaires de Raoult jubilaient, saluaient la grandeur de la science qui, une fois de plus, avait eu raison contre le « bon sens ». Or, il est apparu rapidement que la prestigieuse revue britannique fondée en 1823 s'était fait – au mieux – berner ; dirigée par le douteux chercheur indien

Mandeep Mehra et son petit laboratoire Surgisphere, l'étude en question, qui prétendait s'appuyer sur rien moins que quatre-vingt-seize-mille cas, ne donnait pas ses sources, tordait les données, aboutissait à une conclusion aussi sévère que peu sûre d'un point de vue méthodologique. De sorte que *The Lancet* et *The New England Journal of Medecine*, qui avait lui aussi publié l'article de Surgisphere, durent émettre une *expression of concern* (mise en garde) sur cette publication avant de la retirer carrément, démarche très rare et qui jetait une ombre épaisse sur les comités de rédactions des deux grandes gazettes scientifiques. La manière avec laquelle les autorités s'étaient précipitées sur l'article de Mandeep Mehra pour clore la « polémique » sur l'hydroxychloroquine était véreuse ; la préoccupation de ne pas nuire aux malades ne saurait l'expliquer ; il est évident que c'est à cause de ce qu'il incarnait politiquement que les responsables voulaient tuer Raoult. Trois mois durant, à défaut de proposer eux-mêmes un traitement, ils avaient attendu un argument définitif à opposer à Raoult et à ceux qui le croyaient ; l'étude du *Lancent* avait par conséquent tout de la divine surprise ; une fois de plus, toute honte bue, ils durent rétropédaler.

L'affaire du *Lancet* a dévoilé crûment les liens incestueux qui unissent les revues médicales au marché. Avant la pandémie, le commun pensait que les premières étaient au-dessus de tout soupçon, qu'elles n'ouvraient leurs pages qu'à des chercheurs sérieux, approuvés par leurs pairs, eux-mêmes intéressés uniquement par les progrès de la science. En fait, comme la presse d'opinion, la scientifique est d'abord un *business* ; *The Lancet* est la propriété du groupe éditorial hollando-britannique Elsevier, dont l'objectif principal, comme celui de toutes les entreprises, est de faire de l'argent – parmi ses actionnaires, on trouve notamment le groupe américain BlackRock. La publication d'un scoop sur l'hydroxychloroquine s'inscrivait donc dans cette logique qui est la même que celle des tabloïds. Par ailleurs, « Big Pharma » n'avait aucun intérêt à voir de vieux médicaments comme le Plaquenil être administrés aux malades de la Covid-19 quand il pouvait espérer en vendre plus tard de nouveaux, plus chers, beaucoup plus rentables. Il n'y a que dans l'esprit des libéraux que l'industrie pharmaceutique est capable de philanthropie. Mais à en croire les médias *mainstream*, cette affirmation est complotiste. Tous les grands journaux français ont désormais une équipe dévolue au *fact checking* ou vérification des faits en français. En mars, elles ont par exemple « décrypté » le classement de la chloroquine dans les substances vénéneuses, décision prise en janvier par l'Agence nationale de sécurité du médicament et des produits de santé (ANSM) après une demande du principal fabricant du Plaquenil : Sanofi. Le long papier des détectives de *Libération*[1] est emblématique d'un anticomplotisme qui a pour seul objectif non pas la recherche de la vérité – ce qui serait fort louable – mais la défense de l'idéologie libérale. Le chapô et la conclusion sont formels : non, Agnès Buzyn et ses services ne sont pour rien dans ce classement intervenu au tout début de la crise. Or, en lisant l'article, on se demande comment les commissaires politiques du quotidien

1. https://www.liberation.fr/checknews/2020/03/21/agnes-buzyn-a-t-elle-classe-en-janvier-la-chloroquine-dans-les-substances-veneneuses_1782466

progressiste peuvent être aussi affirmatifs. Au contraire, puisqu'on y apprend que Sanofi avait contacté l'ANSM dès 2018 et que celle-ci a donc attendu l'apparition du coronavirus pour mettre la chloroquine à l'index ; technique, ce papier ignore absolument les éventuelles pressions qui auraient pu s'exercer sur les membres des divers organismes chargés du classement des médicaments ; il prend tout pour argent comptant, ne fouille rien, n'interroge qu'une partie ; dans ce cas, il considère que le doute profite évidemment à l'accusé – l'ancienne ministre de la Santé, en l'occurrence – qui sort même totalement blanchi de l'enquête. Par « dans ce cas », je veux dire que seuls les membres, les forces, les figures du camp du bien ont droit à des investigations de ce genre. Quand il s'agit d'adversaires idéologiques, les détectives sont beaucoup plus minutieux et le doute profite alors à l'accusation. Durant le mouvement des Gilets jaunes, les monteurs de France 3 effacent le « Macron dégage » écrit sur une pancarte. Les *fact checkeurs* expliquent alors que c'est le fruit d'une simple « erreur technique ». Il en va presque toujours ainsi. La traque des *fake news* devient ainsi une manipulation au second degré, un moyen pour les médias libéraux de récupérer le monopole de l'analyse contesté par la soudaine multiplicité des canaux d'information. Ils ne contrôlent plus le dire, alors ils tentent de contrôler le comment. Le commun n'ira pas lire les biographies des « décodeurs » ; quoique méfiant à l'égard des journalistes – toutes les enquêtes d'opinion le disent –, il continuera de croire ces derniers dans une très large mesure. Suite à l'affaire du *Lancet*, il fallait enquêter sur les actionnaires des revues scientifiques, sur la manière avec laquelle et dans quel but l'industrie pharmaceutique oriente la recherche. Mais cela, nous n'y aurons pas droit. Non pas que les journalistes soient fainéants ou manquent d'imagination ; ils ne veulent pas, tout simplement. Le propre du libéralisme est de confondre intérêts et principes.

Le rédacteur en chef du *Lancet* est un Britannique, un certain Richard Norton. Le 15 juin, il vendait la mèche dans les colonnes de *Libération*[1]. Auteur d'un livre sur la pandémie, il accablait d'abord les auteurs de la fameuse étude ; pour lui, leur médiocrité méthodologique représentait « un échec complet pour la science ». Puis, surtout, il tressait des lauriers à la Chine : « La communauté scientifique chinoise s'est mobilisée très rapidement. Dès la fin du mois de janvier, nous avions une description complète de la maladie, nous connaissions son séquençage génétique et nous savions qu'elle se transmettait de personne à personne. Nous savions aussi que nous étions sous la menace d'une pandémie globale. Et tout cela en un mois ! »

Si les choses avaient mal tourné, c'était à cause de… l'Occident, et, bien sûr, du Président américain au premier chef : « Le dénigrement de la Chine par le Président Trump et d'autres doit être examiné avec attention. Parce que du point de vue de la science et de la réponse de santé publique, les critiques vis-à-vis de la Chine et de l'Organisation mondiale de la Santé sont totalement injustes. Elles sont liées uniquement au fait que les gouvernements occidentaux, et particulièrement les États-Unis, essaient désespérément de détourner

1. https://www.liberation.fr/planete/2020/06/15/the-lancet-l-arrogance-de-l-occident-est-responsable-de-dizaines-de-milliers-de-morts_1791329

l'attention de leurs propres erreurs catastrophiques. » Norton va même jusqu'à évoquer « une énorme manifestation de sinophobie, de racisme contre la Chine, de la part de nos gouvernements, mais aussi des scientifiques ». Que l'Occident se soit trompé, qu'il ait menti à ses peuples, c'est évident. Mais dédouaner les autorités chinoises de la sorte, faire passer les critiques contre la Chine pour une expression de racisme, c'est ridicule et exprime bien plutôt l'idéologie du patron du *Lancet*. Pour un libéral, le protectionnisme prôné par Trump est une hérésie au sens propre ; il y voit une volonté de brider la libre circulation des biens et des personnes sans laquelle, à ses yeux, le monde reculerait de plusieurs siècles ; tous ceux qui défendraient cette option seraient donc des racistes, c'est-à-dire des fascistes en puissance. Norton est représentatif des élites mondialistes, pour qui la soumission au marché – par le truchement de la Chine – est l'antidote au « repli nationaliste » ; ses principes politiques lui interdisent de charger Pékin, parce qu'il est l'homme toujours « en transit, sur le chemin d'une conférence de haut niveau » dont parle Lasch. Il comprend infiniment mieux les chercheurs de Shanghai que les ouvriers de Sunderland. Et à l'heure où les États-Unis ont, sous l'impulsion de Trump, élu en 2016 par un ramassis de petits blancs paupérisés et réactionnaires, abandonné leur rôle de cicérone de la mondialisation, il flatte ceux qui ont repris les rênes de cette dernière et qui sont susceptibles d'investir dans sa revue – et donc de financer son train de vie qu'on imagine assez élevé. Car si le mondialisme était défait, Norton ne pourrait plus être invité partout, parcourir les colloques, profiter de grands hôtels et de virées dans les quartiers chauds des capitales où des guides indulgents le traînent entre deux communications parfaitement vaines. La gratification morale engendrée par ces récompenses en tous genres convainc par ailleurs ceux qui en jouissent qu'ils sont dans le vrai, qu'ils accomplissent des choses importantes, que leurs privilèges sont légitimes. Bloc de certitudes, ils sont incapables d'autocritique.

« Je ne sais pas si nous nous y prenons bien, mais je suis sûr que vous vous y prendriez plus mal que nous », répondent les libéraux à leurs opposants. Pour appuyer cette allégation, ils convoquent *les-heures-les-plus-sombres-de-notre-histoire*, Staline et Hitler ; un passé revu et souillé par les intellectuels de leur camp leur sert de justification pro domo. Eux, ils sont sérieux, réalistes, ils ne font pas de « démagogie » en écoutant ce que dit le peuple considéré comme une sorte de bête animée par de basses pulsions. Lorsqu'un attentat islamiste se produit, ils ordonnent l'« union sacrée », c'est-à-dire de taire les critiques qui pourraient être formulées contre eux et, à ceux qui en commettent malgré tout, assènent, comme s'il s'agissait d'une insulte, qu'ils font de la... « politique ». Certes, de nos jours, tous les mots sont galvaudés ; il faut redéfinir tous les termes. Mais ce reproche, étrange *a priori*, est un aveu : le libéralisme est la négation du politique. Il est sa triste réduction à une méthode de gestion des forces qui agitent une société donnée. Dès lors, les libéraux n'acceptent que les blâmes portant sur les critères de cette méthode, jamais ceux qui remettent en cause cette dernière. Dans leur paradigme, tous les « débats » sont tranchés : pour eux, il va par exemple sans dire que les enfants des djihadistes doivent être rapatriés en Europe ou que les petits garçons de huit ans qui se « sentent » filles puissent être opérés. Leur gestion de la pandémie de la Covid-19 aurait peut-être pu être meilleure, mais prétendre que leur faillite est liée à leurs conceptions, ça, ils ne veulent pas ou plutôt sont incapables de l'entendre. Avec eux, en vérité, toute discussion de fond est impossible ; entre leurs adversaires idéologiques et eux, c'est un mur d'incommunicabilité qui s'élève. La structure médiatique, administrative et judiciaire des démocraties libérales ne saurait accabler les politiciens qui concourent à son affermissement ; elle les excuse par principe quand elle opprime par principe aussi ceux qui la contestent. Agnès Buzyn, Olivier Véran, Jérôme Salomon et leurs homologues italiens, espagnols, belges, britanniques peuvent donc dormir sur leurs deux oreilles, du sommeil du juste. Ils pensent vraiment avoir agi comme il fallait parce qu'ils ne conçoivent pas d'autres manières d'agir ; et lorsqu'ils s'expliqueront, devant des commissions formées de libéraux comme eux, plus soucieuses de ne pas nourrir les complotistes que de chercher la vérité, ils diront – et ils auront raison – qu'ils ont fait de leur mieux avec les outils dont ils disposaient – mais la question est : « Pourquoi en avaient-ils si peu ? ». Personne n'ira en prison. Les milliers de morts de la Covid-19 que leurs décisions politiques ont provoqués sont des dommages collatéraux du mondialisme comme le sont du *vivrensemble* les milliers d'Européens de souche insultés, tabassés, violés, poignardés, écrasés chaque jour.

La défaite des Gilets jaunes a, bien sûr, plusieurs causes, mais la principale est la manière avec laquelle, malignement, le système qu'ils affrontaient les a récupérés en leur imposant des revendications qui étaient pour eux secondaires. Leur incontestable violence ne les avait pas rendus impopulaires ; même l'affaire de l'Arc de Triomphe, pure mise en scène orchestrée par le pouvoir et ses innombrables relais, n'était pas parvenue à les discréditer. Le coup fatal leur fut donné par la gauche. Après avoir traité ces Français des périphéries, ces « petits blancs de province » de pétainistes, s'être bouchée le nez en les regardant défiler durant deux gros mois, la clique socialo-communiste, espérant se refaire un peu la cerise sur le dos de ce peuple qui n'est plus le sien, débarqua dans les cortèges avec un toupet hallucinant. Certes, à ce moment-là, une répression inédite depuis les grèves de l'après-guerre avait clairsemé les troupes ; les antifas et les racailles avaient achevé le travail du Galliffet des Calanques, Christophe Castaner. Mais cet entrisme éhonté avait été rendu possible par la dénaturation du mouvement opérée par les médias. Sur les plateaux, journalistes et éditocrates ordonnaient aux gueux de se déclarer « apolitiques » ; ils réduisaient la grande colère de cette France oubliée au « social » ; au lieu d'inviter des brillants souverainistes comme l'avocat rouennais François Boulo, ils hissaient des crétins manipulables comme Jérôme Rodrigues ou la rebouteuse Jacline Mouraud. Dès lors, un boulevard s'ouvrait devant l'opposition organique, ancienne et future majorité ; elle s'y engouffra crânement, agitant ses drapeaux difformes et beuglant ses mots d'ordre sans consistance. Le retrait du projet d'augmentation de la taxe carbone et quelques milliards lâchés telle une aumône suffirent à calmer les Gilets jaunes les moins politisés et contenta jusqu'au coït les commentateurs qui purent alors affirmer que le mouvement *devait* s'arrêter. Les braves gens purent enfin retourner faire les boutiques et signer des pétitions contre « les violences faites aux femmes », en faveur d'SOS Méditerranée et pour les bébés phoques. Le courroux des Français qui, durant la crise sanitaire, ont assisté à la faillite de leur État est l'objet de la même entourloupe. Alors que c'est le modèle mondialiste qui est en cause, le système a décidé que le « monde d'après » aurait le visage de Greta Thunberg. En effet, le confinement commençait à peine que des universitaires clonés, des journalistes organiques, des *think tanks* et des lobbys imposaient le thème de l'écologie comme une évidence. Soit, en respectant davantage le règne animal, nous briderions les zoonoses dont les coronavirus font partie. De là à faire de la « transition écologique » la réponse décisive à la crise que nous venons de vivre, il y a un pas tellement gigantesque qu'il a tout du grand écart et même du pas de côté. Le système refuse le combat des idées ; comme tous les égocentriques, il ramène tout à lui ; c'est en son sein qu'il entend trouver des solutions qui, bien entendu, ne lui causeront aucun tort. Les sociaux-démocrates, hégémoniques dans le champ culturel, se rengorgent avec ce « monde d'après » qui a tout de la formule de publicitaire contemplant, l'œil humide, la Tour Eiffel briller de mille feux après un attentat à l'autre bout de la planète. Leur index prêt à cliquer, ils ont rempli tous les interminables formulaires que des associations grassement subventionnées leur ont envoyés ces derniers mois – sans blague, ils croient que c'est cela, la démocratie directe. D'aucuns voulaient une France, une Italie, une Espagne, une Grande-Bretagne à nouveau souveraines ?

Ils auront des limitations de vitesse sur l'autoroute, plus d'éoliennes et des ponts pour les grenouilles. Il est bien naïf de penser que ceux qui jouissent du système vont le changer ; le vote n'est guère plus efficace ; seule une épreuve de force pourrait ramener les libéraux à la raison.

Conclusion

Le SRAS-CoV-2 n'aurait jamais dû provoquer la panique qui a saisi le monde durant six mois. Peu létal, il fait pâle figure à côté d'Ebola ou même d'autres coronavirus comme le MERS-CoV. S'il n'est pas non plus une « grosse grippe » et qu'il s'attaque à tous, jeunes et vieux, c'est très majoritairement chez ces derniers que la maladie prospère et peut, dans certains cas, entraîner la mort. Quant à ceux qui souffrent déjà de plusieurs pathologies, ils sont par définition plus exposés que les autres ; la Covid-19 a ajouté du danger à leur vie sursitaire. Le mode opératoire du SRAS-CoV-2 n'a par ailleurs rien de très original ; les dégâts qu'il fait sont, dans les cas graves, la plupart du temps, comparables à ceux d'une pneumonie ; moins de 10 % de personnes admises en réanimation n'en sont pas ressorties. Non, même à l'heure du principe de précaution et du risque zéro, de la bière sans alcool, du pain sans blé et de l'antibiothérapie généralisée, ce virus aura fait finalement plus de bruit que de besogne. Même en multipliant par deux, cinq voire par dix les chiffres, et si toute vie perdue est bien sûr un scandale, on ne ferait pas lever un cil à un malthusien. Quelques nuits d'Abuja répareront tout ça.

Non, la Chine n'a pas tardé à réagir : elle a réagi, et vite, mais dans l'unique but de nier sa responsabilité dans l'apparition puis la propagation du virus. La probabilité pour que le SRAS-CoV-2 soit le fruit d'une expérience de laboratoire est au moins égale à celle d'une génération spontanée, *naturelle*, qui résulterait d'une alliance entre coronavirus de chauve-souris et de pangolin, deux espèces qui ne partagent pas le même habitat et ne se croisent presque jamais à l'état sauvage. Le fait que le SRAS-CoV-2 soit né à côté de la plus grande réserve mondiale de coronavirus peut ne pas interloquer ; l'être ne saurait au contraire passer pour du complotisme, sauf à faire du réel une donnée accessoire dans la recherche de la vérité. Refusant d'ouvrir ses portes aux scientifiques étrangers, commandant l'OMS, bâillonnant ses lanceurs d'alerte, censurant ses médias, osant la carte antiraciste, communiquant des chiffres insensés, la Chine a fait preuve d'un égoïsme ahurissant. Le culte du secret, qui est l'un de ses traits culturels, ne peut expliquer à lui seul cette attitude. En droit, lorsque les preuves manquent, le juge peut condamner si un faisceau d'indices concordants accable un accusé : les autorités chinoises sont dans cette position. Peu critiquées sinon par l'administration américaine, elles narguent les suspicieux et rappellent qui a les usines, les dettes des autres et le PIB le plus gros. Depuis vingt ans des géopoliticiens prophétisent un conflit entre les États-Unis et la Chine ; il semblerait que la seconde soit enfin prête à la confrontation ; disposant d'alliés et de clients sûrs, omniprésente en Afrique et indispensable à l'Europe en voie de tertiarisation accélérée, elle assume désormais sa vocation hégémonique. Le ton fort peu diplomatique avec lequel les hommes de Xi Jinping – qui aspire à la présidence à vie – ont échangé avec leurs partenaires inquiets annonce une montée des tensions à l'échelle internationale. De ce nouveau Grand Jeu, le Vieux continent risque fort d'être un simple spectateur.

Il aura été en tout cas la première cible de la Covid-19. Au 18 juin, France, Grande-Bretagne, Italie, Espagne et Belgique cumulaient, à en croire les statistiques officielles, forcément perfectibles, plus de cent-trente-cinq-mille morts, soit près d'un tiers du nombre total des victimes. La prudence la plus élémentaire commandait à l'Europe de fermer ses frontières ; d'ailleurs, certains de ses membres l'ont fait ; les autres l'ont refusé par pure idéologie, foi en un modèle avec lequel ils préfèrent avoir tort plutôt que d'avoir raison avec celui de leurs adversaires. Pourtant, ils n'ignoraient nullement ce qui se préparait ; toujours « sidérés » face à un événement qui contrarie leur vision du monde, ils ont regardé celui-ci arriver comme, après une nuit blanche, un touriste éméché voit foncer sur lui la vague d'un tsunami. Alors, incapables de reconnaître qu'ils s'étaient trompés, ils ont essayé de gruger, de sauver les apparences. Pendant ce temps, leurs hôpitaux s'emplissaient de corps ; les pauvres soignants, transformés en « soldats », tentaient l'impossible pour sauver le maximum de personnes transmuées en « chiffres » (« bons » un jour, « mauvais » le lendemain, « bien meilleurs » à la fin) dans les communiqués ministériels. Voulant par-dessus tout préserver l'économie, la croissance, le Veau d'or, ces idéalistes sérieux n'eurent d'autre choix que de tout arrêter, meurtrissant du même coup les indices boursiers et des familles entières. Leur doctrine économique, le capitalisme mondialisé, est foncièrement hystérique ; elle est basée sur un sentiment, la confiance ; le cœur de leur métier consiste à gérer les crises comme un psychiatre gère celles d'une adolescente maniaco-dépressive. Ils estiment donc que les situations de ce genre sont l'état naturel de choses. Mais cette crise les a surpris ; elle mettait trop à nu leur insouciance pour qu'ils la maîtrisent correctement. Ils ont failli, dans des proportions choquantes, du moins pour tous ceux qui ne sont pas de leur camp. Le plus étonnant, c'est qu'ils gouvernent encore, ordonnent encore, parlent encore. Ils pensent, non pas par calcul mais par principe, que la communication leur évitera procès et même pire. Leur irresponsabilité est ontologique.

La crise financière de 2008 était inscrite dans les gènes de la mondialisation comme l'est la pandémie de la Covid-19. Dans les deux cas, c'est la même logique qui est à l'œuvre : la mutation du monde en une table de poker où les perdants n'ont que leurs yeux pour pleurer cependant que les vainqueurs vénèrent la chance qui les a faits rois. Rien ne doit interrompre la partie. Les gains en jeu sont trop importants pour dégoûter les incurables joueurs qui détiennent le pouvoir et les puissances qui les portent et se régalent, tandis que des millions de personnes craignent pour leur vie, alitées dans des chambres anonymes, seules devant une mort évitable et cependant permise par un système tout à la fois indigne et immoral. Bien plus qu'un prophylactique « monde d'après », c'est le monde d'avant, d'avant Emmanuel Macron et ses semblables, d'avant l'indexation de la vie sur les cours de la bourse, qui devrait séduire ceux qui ne veulent pas voir se répéter pareil drame.

Postface

J'ai achevé la rédaction de ce livre à la fin du mois de juin. En France comme dans la plupart des pays européens, l'activité avait repris ; sinon pour en déplorer les effets économiques en cours et à venir, la crise était déjà largement passée, désormais tout juste bonne à nourrir les dernières pages des journaux. Les commentateurs louaient la « résilience » des populations ; finalement, expliquaient-ils, l'épreuve n'avait pas été si douloureuse que cela ; la société avait « tenu », et elle repartait à l'assaut de la croissance et du bien-être avec un enthousiasme inaltérable. Les hôpitaux se vidaient ; on allait donner des milliards et des médailles aux soignants pour les récompenser. Des chercheurs partout à travers le monde, assurait-on, travaillaient sans relâche afin de fabriquer un vaccin. L'Union européenne multipliait les réunions « au sommet » ; elle était impatiente de rouvrir ses frontières et, ainsi, de permettre aux biens et aux personnes de circuler à nouveau sans taxes et visas, ces formalités douteuses. Tout semblait rentrer dans l'ordre. Chez nous, après sa grosse défaite au second tour des élections municipales, Macron donnait – politiquement – à son « monde d'après » l'austère carcasse d'un apparatchik au verbe chantant, Jean Castex, poursuivant ainsi son OPA sur le centre droit dans la perspective de 2022 – la gauche, elle, semblait se réorganiser autour des Verts, ces transhumanistes ultras déguisés en bohèmes. Le sinistre jeu politique reprenait donc de plus belle. Il est vrai que, pour les libéraux, « la vie continue » toujours. Et ce ne sont pas trente-mille morts qui vont les tourmenter.

Le 30 juin, la commission d'enquête de l'Assemblée nationale auditionnait Agnès Buzyn, dont la liste venait de subir une déroute dans les urnes parisiennes. J'ai dit que le propre du libéralisme est le sentiment d'impunité dans lequel ceux qui le servent se meuvent. À cet égard, les réponses données ce jour-là par l'ancienne ministre de la Santé aux députés sont fascinantes. Si, a-t-elle dit, elle savait que le virus était dangereux ; si, a-t-elle surenchéri, ses services avaient bien préparé le pays à l'arrivée de ce même virus. À l'en croire, on ne pouvait pas faire mieux. Et quand on l'interrogeait sur des points précis, des manquements manifestes, à l'instar de celui des masques, elle se défaussait sur ses subalternes. Quelques jours plus tôt, le spectral Jérôme Salomon avait botté en touche de la même manière, réduisant à des lenteurs administratives les évidentes et terribles erreurs qu'il avait commises dans la gestion de la pandémie. C'était à se demander comment nous avions pu tant souffrir de cette dernière et endurer un confinement long de presque deux mois. Aussi médiocre l'un que l'autre durant leurs auditions, visiblement ennuyés et mal préparés, Buzyn et Salomon ne furent pas tracassés outre mesure par les membres de cette commission bien tenue par des parlementaires de la majorité, qui n'avaient pour sûr aucun intérêt à accabler l'une de leurs anciennes étoiles et un homme à leur solde, organiquement des leurs. Accuser par trop ces deux-là, c'eût été s'accuser eux-mêmes, qui avaient défendu jusqu'à l'absurde les versatiles décisions de l'exécutif durant la crise. On n'est jamais mieux servi que par soi-même. Alors que les naïfs pensaient que Salomon ne survivrait pas à son rendez-vous avec cette commission fantoche, il en est sorti au contraire sans une égratignure, et il put même parader ensuite dans la presse officielle qui lui consacra des portraits flatteurs – la qualité première d'un dirigeant libéral, ce n'est pas d'obtenir des résultats mais de « tenir », et c'est encore mieux s'il le fait contre l'opinion publique, ces masses absurdes qui ignorent ce qui est bon pour elles.

Il est vrai qu'avec les premières grosses chaleurs la Covid-19 semblait courber l'échine. Tout ce qui monte finit un jour par tomber : il en alla de même de cette épidémie. Le fait qu'elle le fasse au début de l'été accréditait la thèse selon laquelle les coronavirus n'apprécient guère des températures trop hautes, qu'elles leur préfèrent de très loin l'hiver, ses nez qui coulent, ses yeux rougis et ses toux impromptues. Du reste, ce tableau était valable surtout pour l'Europe. Aux États-Unis, où le SRAS-CoV-2 avait débarqué un mois plus tard, le pic épidémique fut atteint courant juillet ; en fonction des politiques de prévention qu'ils adoptaient, certains États étaient plus touchés que d'autres ; la Floride, par exemple, ressemblait pour une fois à Mulhouse. En pleine campagne électorale, Donald Trump donnait la priorité au règlement de la question racialiste soulevée par le mouvement *Black Lives Matter* et ses fanatiques sympathisants plutôt qu'à celui du « virus chinois ». Fin juillet, les États-Unis dénombraient près de cent-cinquante-mille morts de la maladie, ce qui, proportionnellement, correspond à peu près au nombre de victimes françaises à la même date. Ce « bilan », nos médias le disaient honteux ; il prouvait, prétendaient-ils, que l'administration américaine avait failli et il discréditait sa tête, c'est-à-dire Donald Trump. Pourquoi ce qui valait pour ce dernier ne valait pas pour Emmanuel Macron ? Il y a là un mystère, que l'adoration dont jouit le premier des premiers de cordées dans le champ médiatique peut raisonnablement expliquer. Même si elles sont plus graves, nous pardonnons plus facilement les erreurs de nos amis que celles de nos adversaires. Jair Bolsonaro eut droit lui aussi à sa campagne de dénigrement systémique, pour reprendre un mot alors très à la mode. Car le Brésil voyait lui aussi le nombre de ses malades augmenter cruellement. Le président avait lui-même contracté la maladie, et la presse se régalait de son refus de porter un masque en public, espérant à l'évidence pouvoir l'accuser d'avoir créé à lui seul un *cluster*. Comme son allié étatsunien, Jair Bolsonaro a pris cette crise à la légère ; à tout le moins, il n'a pas fait adopter les mesures qui auraient permis à son grand pays de mieux s'en protéger. Du reste, le nombre de victimes brésiliennes était, dans les derniers jours de juillet, proportionnellement inférieur à celui de la France. De sorte que l'on est en droit de se demander si le confinement tel que nous l'avons connu, s'il n'a assurément pas fait de mal sur le plan sanitaire, a fait tant de bien que cela. Décrété dans un climat proche de la panique par des gouvernements affolés par la perspective d'un effondrement complet des hôpitaux, l'enfermement des populations pour une longue durée était d'abord et surtout une décision politique. Certes, nombre d'infectiologues la défendaient, parfois passionnément ; mais c'étaient souvent les mêmes qui, trois mois plus tôt, expliquaient que les masques et les tests étaient inutiles, qu'il ne fallait pas « céder à la peur ». En ces temps scientistes, où la médecine s'affirme comme une puissante monture du progrès, cette crise a prouvé – s'il le fallait encore – que le réel n'était pas réductible à des modèles mathématiques. La recherche médicale n'en sort en tout cas, elle, pas grandie. Elle aura manifesté au grand jour les conflits d'intérêts qui l'animent et les querelles entre des chercheurs plus obnubilés par postes et prébendes que par les découvertes.

La Chine, de son côté, releva le gant que lui lançait Donald Trump. Aux menaces faites et aux mesures de rétorsion promises, elle répondit, sûre de sa force, qu'elle rendrait coup pour coup. Les rodomontades des autorités chinoises étaient sincères ; mais durant quelques semaines, ces mêmes autorités revinrent à un langage plus diplomatique, conscientes qu'elles étaient que, pour ne pas inquiéter leur clientèle, il leur fallait prôner l'apaisement, qui est bien meilleur pour le commerce. Comme un mauvais élève pris en flagrant délit de triche, elles firent même – un peu – profil bas. L'Europe n'en demandait pas tant, qui s'empressa de renouveler sa confiance à la Chine dans la gigantesque bataille que celle-ci livrait avec les États-Unis de celui qu'elle considérait comme le Diable en personne, l'empêcheur de commercer en rond, Donald Trump. Le 22 juillet, ce dernier faisait fermer le consulat chinois de Houston, accusé d'abriter un réseau d'espionnage ; deux jours plus tard, Pékin ordonnait la fermeture du consulat américain de Chengdu. Ces oukases, qui choquent tant la « communauté internationale » en laquelle l'Europe est la seule à croire encore, s'inscrivent dans la bataille que se livrent les deux hyperpuissances depuis que, porté à la Maison-Blanche par une réaction populaire, Donald Trump l'a engagée virilement. L'inconséquence de la Chine face à une pandémie venue de chez elle et qu'elle n'a pas su ou pas voulu brider cautionne le serrage de vis auquel le candidat d'un parti républicain qui le subit plus qu'il le soutient se prête avec gourmandise. Il est heureux que l'insupportable toupet de Xi Jinping et de ses hommes rencontre enfin un obstacle, et cette crise dans la crise pourrait très bien dégénérer ; mais, en premier lieu du fait de la personnalité de Trump, elle pourrait pareillement n'accoucher de rien ; la guerre entre la Chine et les États-Unis, inexorable à long terme, peut tout aussi bien commencer demain que dans une génération – pour l'heure, d'un point de vue militaire, Pékin aurait fort peu de chances de l'emporter. La plus grosse ironie de cette histoire, c'est que l'hégémonie chinoise demeure globalement incontestée. Nous étions en train de nous débattre avec nos masques et nos respirateurs artificiels qu'elle poussait plus que jamais afin d'imposer la 5G à ses « partenaires » européens. Désormais pionnière dans la recherche technologique, la Chine a pris le *leadership* dans celle de la téléphonie mobile. Ses multinationales, à l'instar de Huawei, restent contrôlées par le PCC ; tous les marchés remportés par les premières le sont donc aussi par le second. La 5G, qui enthousiasme tant ceux qui ne voient pas plus loin que leur smartphone, permettra ainsi à la Chine de gérer l'essentiel des flux de télécommunication. Elle pourra espionner ces derniers autant qu'elle le voudra ; elle sera en mesure, si elle le désire, si elle est vexée, de ralentir voire de couper les échanges. Bien sûr, l'Union européenne refuse d'envisager cette hypothèse ; elle se complait seulement à imaginer les gains supplémentaires promis par cette technologie nouvelle. Début avril, Mark Green, représentant républicain du Tennessee, affirmait qu'en échange de deux milliards de masques, les autorités chinoises exigeaient de Macron l'ouverture du marché français à la 5G de Huawei ; l'Élysée, fébrile, a démenti cette révélation ; prétendre qu'elle n'est pas crédible, comme l'a alors fait la quasi-totalité de la presse française sans enquêter, se contentant d'interroger quelques experts en diplomatie favorables à Pékin parce qu'ils le sont du concept de « communauté internationale », prouve simplement que le libéralisme ne s'embarrasse pas des faits.

Un autre acteur de premier plan de cette crise, à savoir l'OMS, a tout bonnement disparu de la circulation. Tant mieux, en vérité, tant son comportement aura été pathétique au plus fort de la crise. Peut-être lassé de prendre la lumière et plus sûrement conscient qu'elle ne le mettait pas en valeur, qu'elle l'exposait à de légitimes coups, Tedros Adhanom Ghebreyesus s'en est retourné diriger d'obscures réunions à Genève. Ses services, toutefois, continuaient de livrer des recommandations et d'examiner ce virus si étonnant. Le 29 juin, enfin, l'OMS, par la voix de son directeur général, annonçait qu'elle allait envoyer une équipe en Chine afin de déterminer l'origine du SRAS-CoV-2. Six mois ! C'est le temps qu'il aura fallu à Pékin pour accepter que des chercheurs internationaux viennent investiguer sur son sol. Entre-temps, la Chine aura eu tout loisir de détruire de potentielles preuves d'une origine accidentelle, de faire disparaître des médecins trop bavards et de ripoliner le P4 de Wuhan. Le moins que l'on puisse dire, c'est que l'OMS n'aura pas beaucoup insisté durant cette période ; elle aura sagement attendu que la Chine lui propose de se rendre sur place ; cette délicatesse, unique dans l'histoire de l'organisation, trahit une fois de plus l'inféodation de celle-ci à l'ogre asiatique. Mettant ses menaces à exécution, Trump annonçait le 7 juillet que les États-Unis se retiraient de l'OMS ; ce faisant, il privait cette dernière de son principal – et de loin – bailleur de fonds ; parce que le parti démocrate, en perdition sur le plan idéologique, a pour unique doctrine de prendre le contre-pied de Trump, Joe Biden, son concurrent dans la course à la Maison-Blanche, s'est empressé de dire qu'il reviendrait sur cette résolution s'il l'emportait en novembre. Du reste, disais-je, les brillants chercheurs de l'OMS – ils sont nombreux, là n'est pas la question – continuent de travailler sur le coronavirus. Le 23 juillet, dans un rapport confidentiel synthétisant les avancées faites par plusieurs équipes, ils s'inquiétaient des séquelles de la Covid-19, bien plus alarmantes qu'on ne l'avait cru ; musculaires, neurologiques, cognitives, pulmonaires, les marques de la maladie devenaient de toute évidence chroniques chez nombre de rescapés, y compris de jeunes et dénués de pathologies. Ainsi, très peu létal dans l'absolu, le SRAS-CoV-2 est néanmoins fourbes ; les dommages qu'il peut occasionner en catimini sont parfois graves. Des centaines de milliers d'anciens malades, le plus souvent parfaitement rétablis en apparence, vont ainsi traîner durant leur vie entière de douloureux stigmates ; dans un pays comme la France où, heureusement, la santé est presque gratuite, la pandémie de Covid-19 aura un coût à long terme. Plutôt que de demander à la Chine de régler la note, ce qui serait juste, nul doute que les États européens réclameront à leurs peuples respectifs de se serrer encore davantage la ceinture afin d'équilibrer les comptes de leurs systèmes de santé.

Un dernier acteur de la crise se frotte les mains, lui : Big Pharma. Tandis que le monde se claquemurait, attendant les directives gouvernementales pour savoir s'il avait le droit de sortir son chien et sortir tout court, l'industrie pharmaceutique réalisait des profits phénoménaux. Dès fin avril, Sanofi, par exemple, affichait un résultat net en hausse de près de 16 %[1] pour le premier trimestre 2020, soit plus de deux milliards d'euros. Bien sûr, diront les concernés et leurs innombrables VRP dans l'orbe politique, ils ont fait des dons de toutes sortes et, pour certains, promis de « donner » un éventuel vaccin s'ils venaient à le trouver. Mais faire l'aumône ne suffit pas et les promesses, évidemment, n'engagent que ceux qui y croient. Big Pharma, dont le cynisme, su et commenté par des lucides que le complexe politico-médiatique dépeint en « complotistes », aura été dévoilé par la pandémie, notamment en exposant la manière avec laquelle il finance et par conséquent oriente la recherche médicale dans son ensemble, s'en tire très bien. Et bien sûr, comme d'habitude, la supérette de Bruxelles se distingue en lui déroulant le tapis rouge. Dans

1. https://www.capital.fr/entreprises-marches/sanofi-profite-du-coronavirus-et-ameliore-ses-resultats-au-premier-trimestre-1368308

un papier daté du 13 juillet[1], l'essayiste et eurodéputé RN Hervé Juvin racontait comment, dans le cadre de l'achat d'un vaccin, la Commission avait « décidé de se substituer aux États membres en raison de l'état d'urgence créé par la pandémie ». C'est donc elle qui, pour tous, a lancé un appel d'offres ; et c'est elle qui, quoiqu'en pensent les gouvernements – et les peuples ? quels peuples ? –, à elle, disais-je, que reviendra de choisir le miraculeux élixir. « Pour être sûre d'aboutir, vite et dans les meilleures conditions, la Commission n'aura pas à rendre compte du contenu de ses négociations, des prix et des conditions de production du vaccin », précise Juvin. Quand on sait que les lobbys ont, dans la capitale de l'Europe technicienne, un statut officiel, et que les fonctionnaires et députés sont travaillés au corps par les multinationales, dans lesquelles ils poursuivent souvent leur carrière lorsque le suffrage ne leur a pas été favorable ou lorsqu'ils sont fatigués de « trimer » pour treize-mille euros par mois, on peut supputer que ces funèbres idéalistes, pour qui choses publique et privée se confondent, n'ergoteront pas trop au moment de signer un contrat juteux pour Big Pharma – c'est que Johnson & Johnson pourrait bien avoir besoin de leurs fabuleuses compétences, plus tard[2].

1. https://hervejuvin.com/crise-big-pharma-coronavirus/

2. En 2016, l'ancien président de la Commission européenne, le Portugais José Manuel Barroso, devenait président non exécutif du conseil d'administration de Goldman Sachs. Cette annonce ne fit aucun effet sur les libéraux. Pour eux, le fait que l'homme qui avait géré la crise des *subprimes* en Europe aille pantoufler au sein de l'entreprise qui avait provoquée cette même crise ne méritait même pas une notule. Ayant toujours un pied dans le privé même quand ils sont dans le public, et voyant uniquement dans le second un moyen de mieux progresser dans le premier, ils jugent une « évolution » de ce genre parfaitement normale. La critiquer serait à leurs yeux verser dans le « populisme ».

Vouée par ses dirigeants à devenir le bronze-cul du monde en général et en particulier durant la belle saison, l'Europe fut tourmentée à l'approche de l'été. Devait-elle rouvrir pleinement ses frontières ou continuer de filtrer les touristes ? Devait-elle imposer le port du masque à ses peuples « déconfinés » ou le limiter aux pauvres utilisateurs des transports publics ? Devait-elle, en somme, faire comme si l'épidémie était derrière elle – ce qui ressemblait alors à de l'autosuggestion – ou jouer encore avec l'angoisse légitime des populations après les avoir abandonnées, durant d'interminables semaines, à leur sort ? La chute spectaculaire du nombre de cas, partout sur le continent, semblait donner raison aux optimistes, cependant que des spécialistes, échaudés par l'épreuve des mois précédents, conseillaient la plus grande prudence. Le 30 juillet, via un communiqué, le Conseil de l'UE autorisait à compter du lendemain les ressortissants de douze pays à se rendre sur le continent ; dans ce club, on trouvait notamment, en plus du Canada et de l'Australie, le Maroc, la Tunisie et le Rwanda – l'Algérie, elle, restait sur la touche du fait de l'envolée soudaine de ses malades, mais il est évident que le fait qu'une énorme communauté maghrébine vive en Europe explique bien plus que des nécessités économiques le blanc-seing donné à ses deux voisins. Hélas pour les obsédés du tourisme tous azimuts, la Covid-19, qui se fiche bien des terrasses, circulait à nouveau ; en France, tous les chiffres étaient au rouge : nombre de cas, taux de positivité des tests et incidence des cas repartaient brutalement à la hausse ; certaines régions jusqu'alors quasiment épargnées, à l'instar de la Bretagne, découvraient les joies des *clusters*. Les augmentations les plus impressionnantes concernaient la tranche des vingt-trente ans, soit la plus impatiente de défier la distanciation sociale une fois le confinement levé. Le ministre de la Santé, Olivier Véran, présenté par les faiseurs d'opinion comme un « gagnant » de la crise – il avait remarquablement « tenu », n'est-ce pas –, hésitait alors sur la marche à suivre : fallait-il obliger les « gens » à porter un masque dans la rue ? En temps d'épidémie, il n'est pas aisé de conjuguer reprise de la croissance et sécurité sanitaire ; outre que ses membres n'ont pas montré l'exemple, prenant la pose, devant les caméras, à visage découvert et sans respecter la fameuse distanciation avec leurs interlocuteurs, le gouvernement français a multiplié les déclarations contradictoires ; il a tout à la fois rassuré et mis en garde, encouragé les vacances et prôné l'ascèse. C'est là tout le problème lorsqu'on confie son destin à des gestionnaires, des directeurs d'agences bancaires qui font de la politique, comme d'autres, de la cuisine ou du ski nautique.

Il convient de distinguer l'économie de la croissance. En effet, l'extrême financiarisation de la première ces dernières décennies a rendu la seconde quasi irrationnelle. Il faut avoir en tête en permanence – ceux qui nous dirigent ne l'oublient jamais – que notre paradigme n'a pour substance et finalité que la recherche frénétique de nouveaux profits. Parler depuis un demi-siècle, d'*homo economicus* est insuffisant ; tout, absolument tout dans le monde qui advient est ramené, réduit, condensé dans une sorte de bilan comptable. La mondialisation, c'est la privatisation de tout et, subséquemment, la disparition pure et simple de la notion d'intérêt général. Au XVIIIe siècle, les richissimes Compagnies des Indes orientales menaient des guerres pour elles seules ; mais, outre qu'elles étaient étroitement surveillées par leurs couronnes respectives, elles étaient des exceptions dans une économie capitaliste encore très imprégnée de mercantilisme. Aujourd'hui, certaines multinationales sont plus riches que de grandes puissances – BlackRock brasse plus de milliards que l'État français. Les véritables maîtres de la planète sont les conseils d'administration d'Apple, Microsoft, Samsung, Huawei, Facebook, Total, Nike, Amazon, Tencent, Volkswagen, Coca-Cola. Il y a de cela quelques années, un documentaire d'Arte montrait comment le producteur de soda, avec la complicité du gouvernement mexicain, détournait et asséchait des cours d'eau dans certaines régions du Mexique afin de fabriquer dans ses usines sa boisson star ; les autochtones concernés n'avaient pas d'eau potable ; vénérant l'inépuisable Coca-Cola à la manière du culte du cargo, ils étaient tous obèses. Partout où l'État recule, le capital avance. La pandémie de la Covid-19 a crûment divulgué l'extrême soumission des États, y compris face à une crise sanitaire, au bon vouloir du capitalisme mondialisé qui a ses propres règles, desseins et agendas. En vérité, si l'épais tissu de TPE-PME européen a considérablement souffert de l'arrêt de l'activité consécutif au confinement, les multinationales, elles, l'ont vécu assez sereinement. Le capitaliste est, par définition, un joueur ; quelques retraités américains inquiets d'un potentiel conflit au Baloutchistan, de la possible démission d'un CEO, de la hausse probable du prix des crèmes solaires peuvent, en une poignée de minutes, faire chuter le New York Stock Exchange et, ainsi, faire perdre des milliards et entraîner le licenciement de milliers de travailleurs. La main invisible a sa propre logique, qui n'en a le plus souvent aucune. Elle ne produit pas de bulles spéculatives : elle est une gigantesque bulle spéculative. On pourrait comparer le capitalisme mondialisé à l'art contemporain dont il raffole tant ; comme ce dernier, il engendre des fortunes sur une image de marque, une réputation ; la beauté d'une œuvre n'a pas plus d'importance que l'utilité d'un bien ; dans les deux cas, le *storytelling* vient légitimer le coût. Intrinsèquement en crise, passant d'un cycle de Kondratiev à un autre, le capitalisme se rétracte et se redéploie en permanence ; les chutes ont même leurs vertus en ceci qu'elles purgent le système des entreprises trop faibles pour survivre, dans une pure logique darwinienne qui profite aux plus fortes. Pour lui, comme dans la formule apocryphe de Lavoisier, rien ne se crée, rien ne se perd, tout se transforme. Alors bien sûr, les pays qui ont liquidé leur industrie et tout misé sur la consommation, se réveillent sonnés de ce cauchemar. Au deuxième trimestre 2020, la France enregistre un recul de son PIB de 13,8 % et l'Espagne, de 18,5 %[1] – quand celui des États-Unis régresse de près de 33 %[2]. L'Allemagne, plus solide mais qui pâtit du ralentissement des flux dont elle est tellement tributaire, se replie de 10 % durant la même période. Les économistes institutionnels n'ont pas peur de prophétiser que l'amortissement de la crise prendra « des décennies » ; leurs plans d'austérité sous le coude, ils annonceront bientôt que l'« esprit de responsabilité »

1. https://www.20minutes.fr/economie/2832387-20200731-coronavirus-consequences-explications-notes-espoir-tout-comprendre-chute-historique-pib

2. https://www.france24.com/fr/20200730-covid-19-aux-états-unis-chute-historique-du-pib-d-avril-à-juin-le-pays-entre-en-récession

commande de sabrer dans les dépenses publiques et, donc, de confier encore davantage au secteur privé – qui a démontré toute son efficacité pendant la période – le destin de l'économie. Ainsi, en la matière, le « monde d'après » du chargé d'affaires du CAC 40, en plus de s'appuyer sur un colossal prêt européen qui devra être remboursé par tous les ménages, sera paradoxalement et ironiquement celui où les multinationales renforceront leur mainmise sur les États. Quelques éoliennes feront passer la pilule.

Au fond, d'un point de vue politique, qu'est-ce que le post-modernisme sinon l'impuissance considérée comme un mode de gouvernement ? Et qui mieux que les gens de LREM incarnent, en France, cette résignation face aux cours du monde et des choses ? En définitive, quand survient un drame, un événement, c'est toujours de la faute de la société, laquelle est considérée comme extérieure à ceux qui la forment. Bien sûr, l'omnipotence faisant heureusement défaut à l'homme, les phénomènes lui échappent souvent ; mais affirmer qu'il a peu voire pas du tout prise sur eux est moins un acte l'humilité qu'une affreuse démission. Pour les post-modernes, tout est toujours « complexe », et les solutions sont rares et imparfaites. Il faut bien les écouter ; leur vocabulaire les trahit. Ils ne gouvernent pas, ils « gèrent » ; ils ne traitent pas des problèmes mais des « sujets » – « Oui, en effet, le djihadisme c'est un vrai *sujet*, madame Martichoux. » En somme, pour eux, ce qui arrive arrive parce que cela doit arriver. Cela vaut aussi bien pour le criminel qui découpe une adolescente dans une forêt de Lorraine que pour une cathédrale qui brûle ou un virus qui fait le tour de la planète. Le plus frappant, dans la gestion de la pandémie de Covid-19 par les pouvoirs publics, c'est la manière avec laquelle ces derniers semblent avoir complètement subi ses rebondissements. Ils avaient – et continuent d'avoir, du reste – plusieurs coups de retard. Gérer, c'est surseoir. Dès lors, pour faire comme s'ils maîtrisaient quand même un peu le désastre, il ne restait à ceux qui sont aux affaires que la communication, c'est-à-dire le commentaire ; et c'est peu dire qu'ils ont beaucoup parlé, croyant que le réel est la manière avec laquelle on l'habille de mots – paradoxe effarant que celui d'une époque qui s'exprime si mal et qui, pourtant, le fait plus qu'aucune autre avant elle. Que reste-t-il du réel, du réel vécu par tout un chacun, si j'ose dire, quand son commentaire lui saute immédiatement à la gorge ? Cette opération génère un hiatus que les peuples, confusément, ressentent, et qui les rend malheureux quand il ne les met pas en colère. Durant cette pandémie inédite dans l'histoire contemporaine, le politique a « acté » sa renonciation. Enfin, c'est bien plutôt certaines conceptions du politique qui l'a fait. Ceux qui ne la partagent pas doivent se lever ou disparaître.

Dans quel camp êtes-vous ?

pca
cmb
édition pré-presse
livres numériques

44400 Rezé

Imprimé en France par CPI
Dépot légal : septembre 2020

Numéro d'édition : 2052480

ISBN : 978-2-37934-007-9